Utilize este código QR para se cadastrar de forma mais rápida:

Ou, se preferir, entre em:
www.moderna.com.br/ac/livroportal
e siga as instruções para ter acesso aos conteúdos exclusivos do
Portal e Livro Digital

CÓDIGO DE ACESSO:
A 00048 BUPARTE1E 1 93326

Faça apenas um cadastro. Ele será válido para:

 Moderna   Richmond    SANTILLANA ESPAÑOL

12113216-Buriti Plus - Arte - 1º ano

Da semente ao livro,
sustentabilidade por todo o caminho

Plantar florestas
A madeira que serve de matéria-prima para nosso papel vem de plantio renovável, ou seja, não é fruto de desmatamento. Essa prática gera milhares de empregos para agricultores e ajuda a recuperar áreas ambientais degradadas.

Fabricar papel e imprimir livros
Toda a cadeia produtiva do papel, desde a produção de celulose até a encadernação do livro, é certificada, cumprindo padrões internacionais de processamento sustentável e boas práticas ambientais.

Criar conteúdos
Os profissionais envolvidos na elaboração de nossas soluções educacionais buscam uma educação para a vida pautada por curadoria editorial, diversidade de olhares e responsabilidade socioambiental.

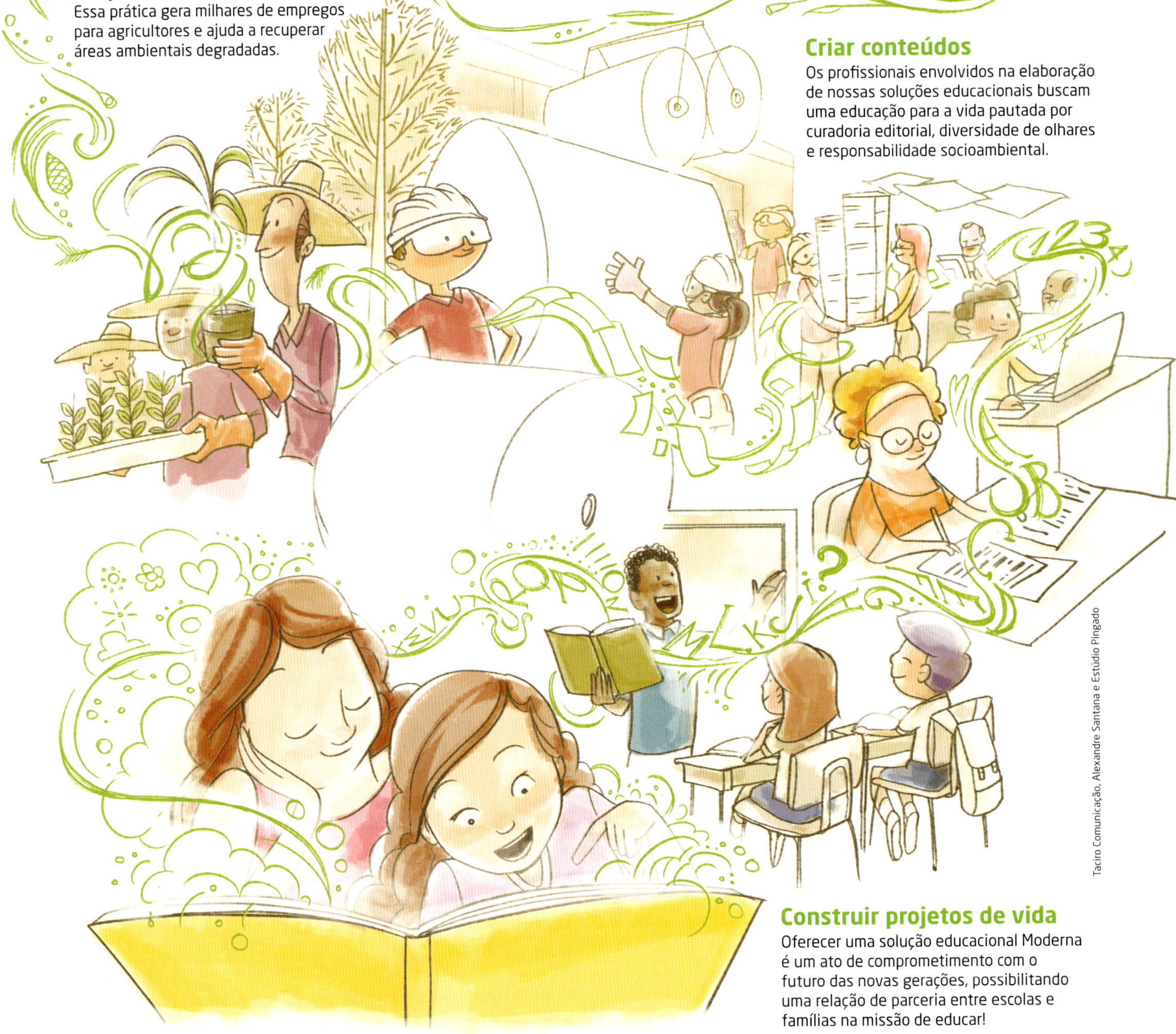

Construir projetos de vida
Oferecer uma solução educacional Moderna é um ato de comprometimento com o futuro das novas gerações, possibilitando uma relação de parceria entre escolas e famílias na missão de educar!

Apoio: TWO SIDES
www.twosides.org.br

Fotografe o Código QR e conheça melhor esse caminho.
Saiba mais em *moderna.com.br/sustentavel*

Organizadora: Editora Moderna
Obra coletiva concebida, desenvolvida
e produzida pela Editora Moderna.

Editora Executiva:
Marisa Martins Sanchez

NOME: ....
....TURMA: ....
ESCOLA: ....
....

1ª edição

© Editora Moderna, 2018

Elaboração dos originais:

Ligia Aparecida Ricetto
Licenciada em Pedagogia pela Universidade Paulista. Editora.

Francione Oliveira Carvalho
Bacharel em Artes Cênicas pela Faculdade de Artes do Paraná. Licenciado em Educação Artística, com habilitação na disciplina de Artes Cênicas, pelo Centro Universitário Belas Artes de São Paulo. Mestre e doutor em Educação, Arte e História da Cultura pela Universidade Presbiteriana Mackenzie. Pesquisador do Diversitas – Núcleo de Estudos das Diversidades, Intolerâncias e Conflitos da FFLCH/USP, onde realizou pós-doutoramento. Atua no Ensino Superior na formação de professores.

Marisa Martins Sanchez
Licenciada em Letras pelas Faculdades São Judas Tadeu. Professora de Português em escolas públicas e particulares de São Paulo por 11 anos. Editora.

Samir Thomaz
Bacharel em Comunicação Social pela Faculdade Cásper Líbero. Autor de obras de ficção e não ficção para o público juvenil e adulto. Editor.

Jogo de apresentação das *7 atitudes* para a vida

Gustavo Barreto
Formado em Direito pela Pontifícia Universidade Católica (SP). Pós-graduado em Direito Civil pela mesma instituição. Autor dos jogos de tabuleiro (*boardgames*) para o público infantojuvenil: Aero, Tinco, Dark City e Curupaco.

Coordenação editorial: Ligia Aparecida Ricetto
Edição de texto: Ligia Aparecida Ricetto, Leonilda Pereira Simões
Gerência de *design* e produção gráfica: Everson de Paula
Coordenação de produção: Patricia Costa
Suporte administrativo editorial: Maria de Lourdes Rodrigues
Coordenação de *design* e projetos visuais: Marta Cerqueira Leite
Projeto gráfico: Daniel Messias, Daniela Sato, Mariza de Souza Porto
Capa: Mariza de Souza Porto e Daniela Sato
Ilustração de capa: Raul Aguiar
Coordenação de arte: Wilson Gazzoni Agostinho
Edição de arte: Renata Susana Rechberger
Editoração eletrônica: Grapho Editoração
Coordenação de revisão: Elaine C. del Nero, Maristela S. Carrasco
Revisão: Dirce Y. Yamamoto, Érika Kurihara, Marina Oliveira, Sandra G. Cortés, Tatiana Malheiro
Coordenação de pesquisa iconográfica: Luciano Baneza Gabarron
Pesquisa iconográfica: Carol Böck, Marcia Sato, Maria Marques
Coordenação de *bureau*: Rubens M. Rodrigues
Tratamento de imagens: Fernando Bertolo, Marina M. Buzzinaro, Luiz Carlos Costa, Joel Aparecido
Pré-impressão: Alexandre Petreca, Everton L. de Oliveira, Marcio H. Kamoto, Vitória Sousa
Coordenação de produção industrial: Wendell Monteiro
Impressão e acabamento: Ricargraf
Lote: 278576

Dados Internacionais de Catalogação na Publicação (CIP)
(Câmara Brasileira do Livro, SP, Brasil)

Buriti plus arte / organizadora Editora Moderna ; obra coletiva concebida, desenvolvida e produzida pela Editora Moderna . — 1. ed. — São Paulo : Moderna, 2018. (Projeto Buriti)

Obra em 5 v. para alunos do 1º ao 5º ano.

1. Arte (Ensino fundamental) I. Série.

18-16396   CDD-372.5

Índices para catálogo sistemático:
1. Arte : Ensino fundamental   372.5

Maria Alice Ferreira — Bibliotecária — CRB-8/7964

ISBN 978-85-16-11321-6 (LA)
ISBN 978-85-16-11322-3 (GR)

Reprodução proibida. Art. 184 do Código Penal e Lei 9.610 de 19 de fevereiro de 1998.
Todos os direitos reservados
EDITORA MODERNA LTDA.
Rua Padre Adelino, 758 – Belenzinho
São Paulo – SP – Brasil – CEP 03303-904
Vendas e Atendimento: Tel. (0_ _11) 2602-5510
Fax (0_ _11) 2790-1501
www.moderna.com.br
2019
Impresso no Brasil

1 3 5 7 9 10 8 6 4 2

QUE TAL COMEÇAR O ANO CONHECENDO SEU LIVRO?

VEJA NAS PÁGINAS 6 E 7 COMO ELE ESTÁ ORGANIZADO.

NAS PÁGINAS 8 e 9, VOCÊ FICA SABENDO OS ASSUNTOS QUE VAI ESTUDAR.

NESTE ANO, TAMBÉM VAI CONHECER E COLOCAR EM AÇÃO ALGUMAS ATITUDES QUE AJUDARÃO VOCÊ A CONVIVER MELHOR COM AS PESSOAS E A SOLUCIONAR PROBLEMAS.

7 ATITUDES PARA A VIDA

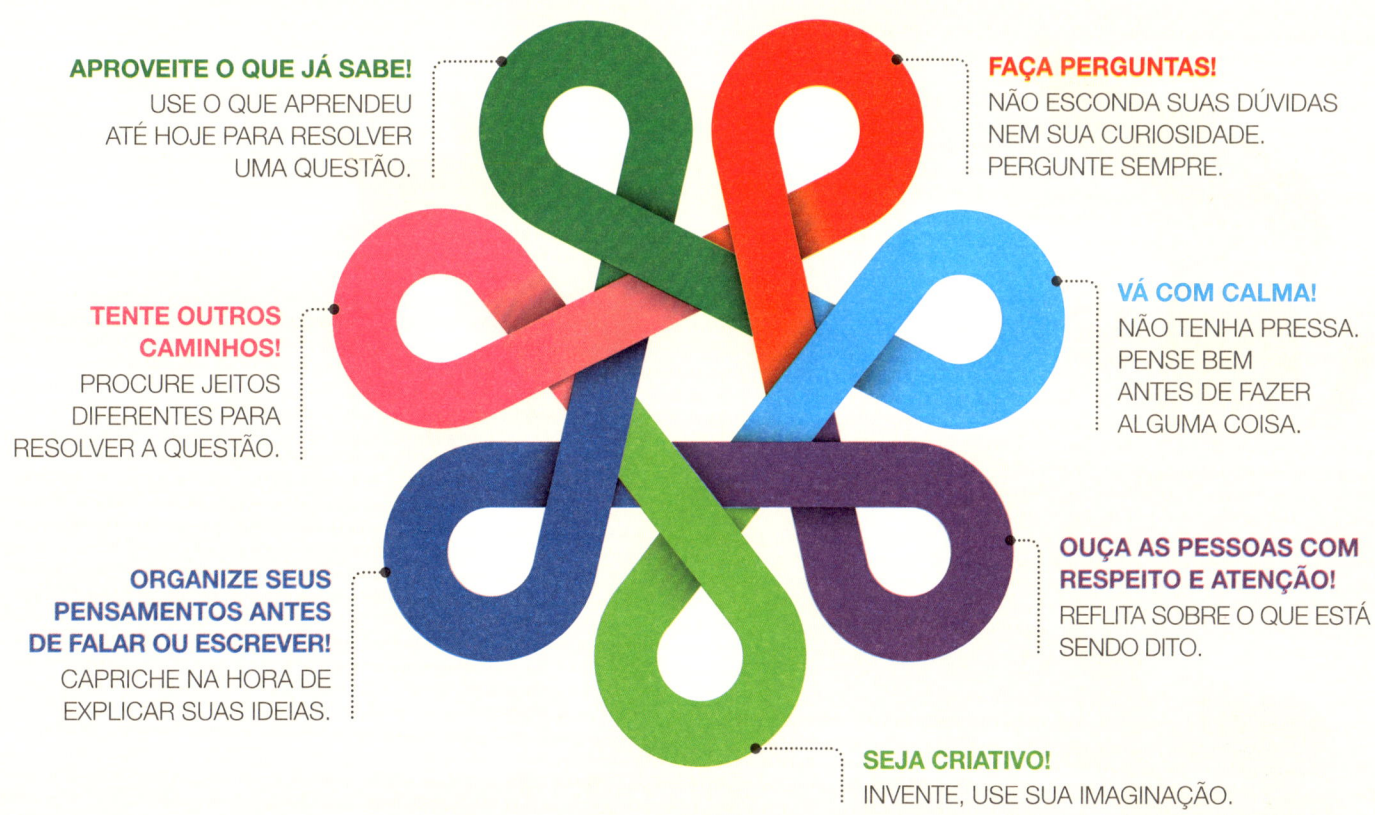

APROVEITE O QUE JÁ SABE!
USE O QUE APRENDEU ATÉ HOJE PARA RESOLVER UMA QUESTÃO.

FAÇA PERGUNTAS!
NÃO ESCONDA SUAS DÚVIDAS NEM SUA CURIOSIDADE. PERGUNTE SEMPRE.

TENTE OUTROS CAMINHOS!
PROCURE JEITOS DIFERENTES PARA RESOLVER A QUESTÃO.

VÁ COM CALMA!
NÃO TENHA PRESSA. PENSE BEM ANTES DE FAZER ALGUMA COISA.

ORGANIZE SEUS PENSAMENTOS ANTES DE FALAR OU ESCREVER!
CAPRICHE NA HORA DE EXPLICAR SUAS IDEIAS.

OUÇA AS PESSOAS COM RESPEITO E ATENÇÃO!
REFLITA SOBRE O QUE ESTÁ SENDO DITO.

SEJA CRIATIVO!
INVENTE, USE SUA IMAGINAÇÃO.

NAS PÁGINAS 4 E 5, HÁ UM JOGO PARA VOCÊ COMEÇAR A PRATICAR CADA UMA DESSAS ATITUDES. DIVIRTA-SE!

JOGO DE IMITAÇÃO

VOCÊ VAI PARTICIPAR DE UM JOGO DIVERTIDO DE MÍMICA E FALA. MAS FIQUE ATENTO PORQUE O PROFESSOR VAI PEDIR PARA VOCÊ IMITAR UM BICHO E FAZER A VOZ DE OUTRO! FICOU CONFUSO?

PARA COMEÇAR, VEJA QUAL É A MÍMICA E A VOZ PARA IMITAR ESTES ANIMAIS.

AGORA QUE VOCÊ JÁ SABE COMO IMITAR OS ANIMAIS, O PROFESSOR VAI COMEÇAR O JOGO USANDO AS CARTAS DAS PÁGINAS 97 E 99.

1. SENTE-SE EM CÍRCULO COM OS COLEGAS.
2. O PROFESSOR VAI MOSTRAR A CARTA COM A FIGURA DE UM ANIMAL E FALAR O NOME DE OUTRO. POR EXEMPLO:

VICENTE MENDONÇA

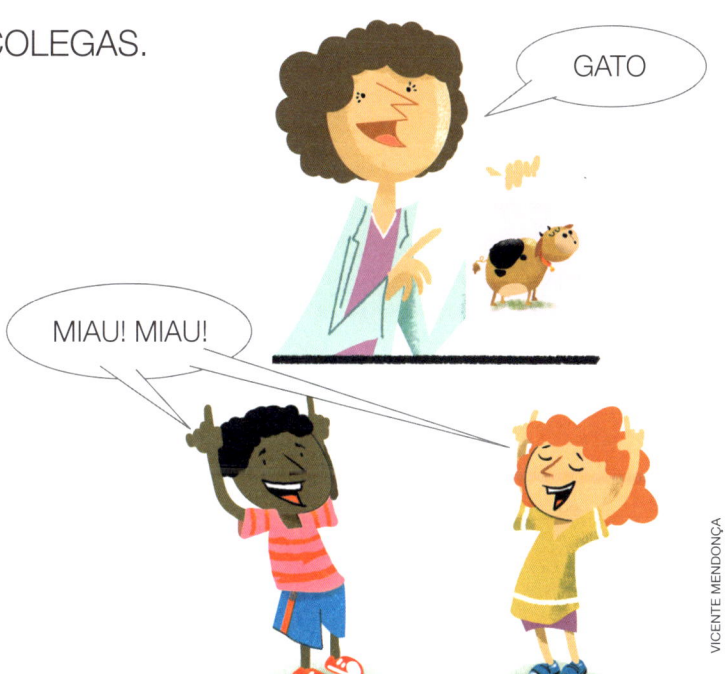

3. VOCÊ E OS COLEGAS FAZEM A MÍMICA DO ANIMAL DA CARTA E IMITAM A VOZ DO ANIMAL QUE ELE FALOU.
4. DEPOIS DE ALGUMAS RODADAS, INVERTA A IMITAÇÃO. IMITE A VOZ DO ANIMAL MOSTRADO NA CARTA E FAÇA A MÍMICA DO ANIMAL QUE O PROFESSOR FALOU.
5. QUANDO ACABAREM AS CARTAS ILUSTRADAS, DESENHE O ANIMAL QUE VOCÊ QUISER E ESCREVA UMA MÍMICA E UM SOM PARA ELE.

FIQUE ATENTO A ESTAS ATITUDES

OUÇA AS PESSOAS COM ATENÇÃO E RESPEITO!
PRESTE BASTANTE ATENÇÃO NA EXPLICAÇÃO DO PROFESSOR E NAS DÚVIDAS DOS COLEGAS. ELAS PODEM AJUDÁ-LO A COMPREENDER MELHOR AS REGRAS.

VÁ COM CALMA!
PARA NÃO SE ATRAPALHAR, FIQUE ATENTO. LEMBRE-SE DA MÍMICA E DEPOIS DO SOM QUE O PROFESSOR PEDIU.

TENTE OUTROS CAMINHOS!
SE VOCÊ SE CONFUNDE O TEMPO TODO, ENCONTRE UM MODO DE SE LEMBRAR DO QUE TEM DE FAZER.

ORGANIZE SEUS PENSAMENTOS!
FAÇA PRIMEIRO A MÍMICA E DEPOIS IMITE A VOZ.

FAÇA PERGUNTAS!
SE NÃO ENTENDEU ALGUMA COISA, PERGUNTE AO PROFESSOR.

APROVEITE O QUE JÁ SABE!
LEMBRE-SE DE QUE VOCÊ JÁ APRENDEU A MÍMICA E A VOZ DE TODOS OS ANIMAIS.

SEJA CRIATIVO!
O ANIMAL QUE VOCÊ VAI DESENHAR PODE SER REAL OU IMAGINÁRIO.

CONHEÇA SEU LIVRO

VEJA COMO ESTÁ ORGANIZADO SEU LIVRO DE ARTE.

ABERTURA

REPRODUÇÕES DE PINTURAS, ESCULTURAS E FOTOGRAFIAS PARA VOCÊ OBSERVAR, APRECIAR E CONVERSAR COM OS COLEGAS.

SIGNIFICADO DE PALAVRAS LIGADAS À ARTE E AOS ASSUNTOS ESTUDADOS.

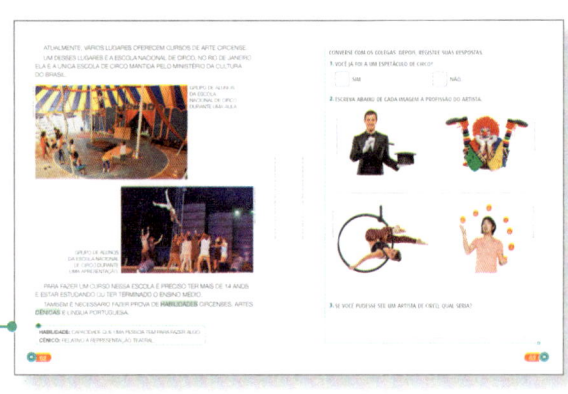

MÃOS À OBRA

HORA DE FAZER ATIVIDADES ARTÍSTICAS, SOZINHO OU COM SEUS COLEGAS.

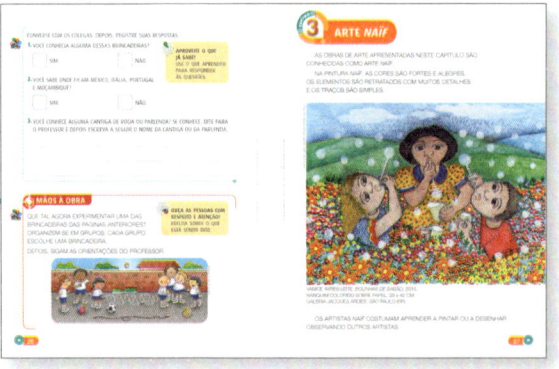

DE OLHO NA IMAGEM

NESTA SEÇÃO, VOCÊ APRECIA REPRODUÇÕES DE OBRAS DE ARTE E CONHECE UM POUCO MAIS SOBRE ELAS.

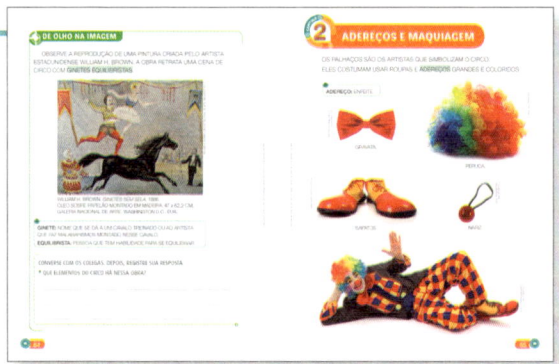

CONHEÇA O ARTISTA

VOCÊ VAI CONHECER A BIOGRAFIA DE ALGUNS ARTISTAS.

MUSICANDO

AQUI VOCÊ AMPLIA SEUS CONHECIMENTOS SOBRE SONS E MÚSICA.

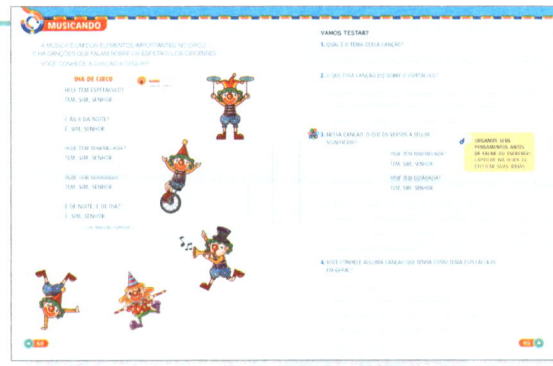

PARA FAZER COM OS COLEGAS

VOCÊ E SEUS COLEGAS VÃO FAZER ATIVIDADES ARTÍSTICAS JUNTOS.

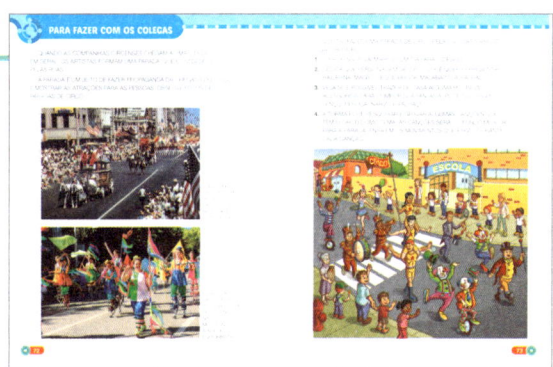

VAMOS LER

INDICAÇÃO DE LIVROS PARA AMPLIAR SEUS CONHECIMENTOS.

ÍCONES UTILIZADOS

ÍCONES QUE INDICAM COMO REALIZAR ALGUMAS ATIVIDADES:

 ATIVIDADE ORAL

 ATIVIDADE EM DUPLA

 ATIVIDADE EM GRUPO

 DESENHO OU PINTURA

PARA INDICAR OBJETOS DIGITAIS:

PARA INDICAR HABILIDADES QUE VOCÊ VAI USAR PARA SE RELACIONAR MELHOR COM OS OUTROS E CONSIGO MESMO:

SUMÁRIO

UNIDADE 1 — BRINCAR É BOM! 10

CAPÍTULO 1: BRINQUEDOS
- BOLAS 12
- BONECAS 14
- MÃOS À OBRA 16

CAPÍTULO 2: BRINCADEIRAS 17
- AMARELINHA 18
- CIRANDA, CIRANDINHA 20
- PULAR CORDA 22
- CAMA DE GATO 24
- TERRA-MAR 25
- MÃOS À OBRA 26

CAPÍTULO 3: ARTE *NAÏF* 27
- LEGENDAS 30
- MÃOS À OBRA 31

FOTOS: AFRICA STUDIO/SHUTTERSTOCK

CAMILA DE GODOY TEIXEIRA

UNIDADE 2 — AS LINGUAGENS DA ARTE 32

CAPÍTULO 1: LINGUAGENS DA ARTE 34
- ARTES VISUAIS 36
- MÚSICA 39
- DANÇA 41
- TEATRO 43
- CONHEÇA O ARTISTA – JOSEPH JACOBS 46
- MÃOS À OBRA 47

CAPÍTULO 2: PAISAGEM SONORA 48
- A NATUREZA COMO INSPIRAÇÃO 49
- CONHEÇA O ARTISTA – ANTONIO LUCIO VIVALDI 49
- ● MUSICANDO 51

VICENTE MENDONÇA

UNIDADE 3 — O CIRCO CHEGOU! 54

CAPÍTULO 1: CIRCO 56
ARTE CIRCENSE 57
MÃOS À OBRA 59
O CIRCO NO BRASIL 60
DE OLHO NA IMAGEM 64
CAPÍTULO 2: ADEREÇOS E MAQUIAGEM 65
MÃOS À OBRA 67
● MUSICANDO 68
MÃOS À OBRA 70
CONHEÇA OS ARTISTAS – PALHAÇOS BENJAMIN, PIOLIN, CAREQUINHA 71
● PARA FAZER COM OS COLEGAS 72

UNIDADE 4 — HISTÓRIAS EM QUADRINHOS 74

CAPÍTULO 1: UM POUCO DE HISTÓRIA... 76
TIRINHA 79
HQ 81
CAPÍTULO 2: ELEMENTOS DAS HISTÓRIAS EM QUADRINHOS 84
BALÕES 84
MÃOS À OBRA 85
LEGENDAS 86
MÃOS À OBRA 86
ONOMATOPEIAS 87
MÃOS À OBRA 87
CORREIO 88
MÃOS À OBRA 89
PASSATEMPO 90
COMO UMA HQ É FEITA 92
    ROTEIRO 92
    DESENHO 92
    ARTE-FINAL 93
GIBITECA 94
MÃOS À OBRA 94
● PARA FAZER COM OS COLEGAS 95
VAMOS LER 96
ENCARTADOS 97

UNIDADE 1 — BRINCAR É BOM!

BARBARA ROCHLITZ. *BRINCANDO*, 2007. ÓLEO SOBRE TELA, 30 x 50 CM. GALERIA JACQUES ARDIES, SÃO PAULO (SP).

CONVERSE COM OS COLEGAS.

1. VOCÊ CONHECE OS BRINQUEDOS E AS BRINCADEIRAS MOSTRADOS NA IMAGEM?
2. VOCÊ JÁ BRINCOU COM ALGUM DESSES BRINQUEDOS?
3. SERÁ QUE AS BRINCADEIRAS SÃO IGUAIS EM TODOS OS PAÍSES?
4. VOCÊ E SEUS COLEGAS BRINCAM DO MESMO JEITO QUE BRINCAVAM SEUS PAIS OU SEUS AVÓS?

CAPÍTULO 1

BRINQUEDOS

BOLAS

MESMO COM OS ATUAIS JOGOS ELETRÔNICOS, AS CRIANÇAS AINDA SE DIVERTEM COM BRINQUEDOS E BRINCADEIRAS QUE TÊM ORIGEM MUITO ANTIGA.

AS BOLAS, POR EXEMPLO, JÁ EXISTIAM NO EGITO ANTIGO. ELAS ERAM FEITAS DE COURO E PREENCHIDAS COM PALHA.

OS MAIAS, QUE VIVIAM ONDE HOJE É O MÉXICO, FAZIAM BOLAS DE BORRACHA.

A FORMA DE JOGAR BOLA VARIAVA. POR EXEMPLO, OS EGÍPCIOS USAVAM TACOS DE MADEIRA E OS MAIAS USAVAM AS MÃOS E OS PÉS.

REPRODUÇÃO - MUSEU METROPOLITANO DE ARTE, NOVA YORK

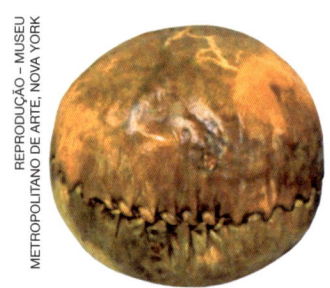

BOLA EGÍPCIA, CERCA DE 1550-1295 A.C. COURO E PALHA. DIÂMETRO: 7 CM. MUSEU METROPOLITANO DE ARTE, NOVA YORK, EUA.

DE AGOSTINI/GETTY IMAGES

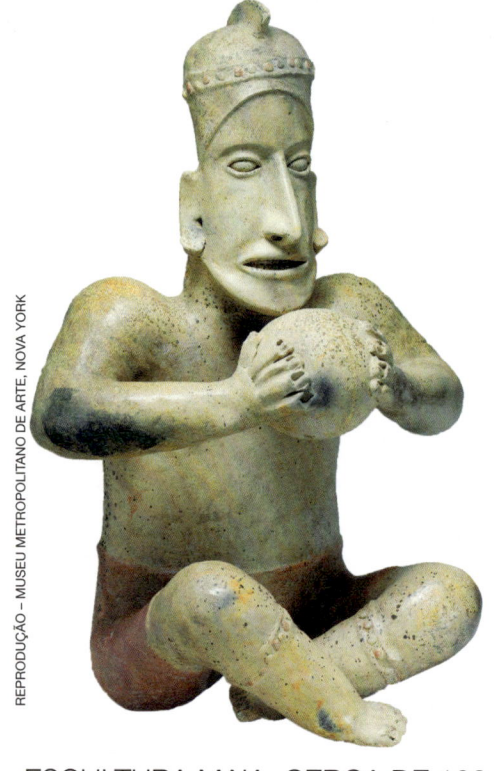

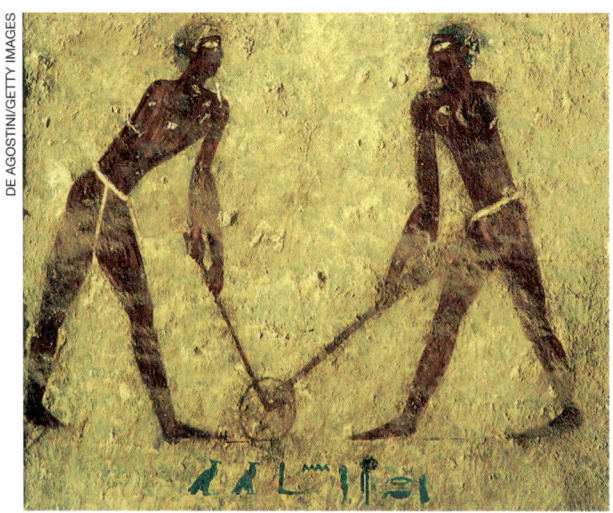

DETALHE DE PINTURA MURAL DE TUMBA EGÍPCIA RETRATANDO UM JOGO DE BOLA, CERCA DE 1938-1630 A.C. EGITO.

REPRODUÇÃO – MUSEU METROPOLITANO DE ARTE, NOVA YORK

ESCULTURA MAIA, CERCA DE 100 A.C. CERÂMICA. ALTURA: 49,8 CM. MUSEU METROPOLITANO DE ARTE, NOVA YORK, EUA.

A.C.: ABREVIATURA QUE INDICA UM TEMPO **A**NTES DE **C**RISTO.
EUA: SIGLA DE ESTADOS UNIDOS DA AMÉRICA.

AS BOLAS ATUAIS TAMBÉM SÃO FEITAS DE COURO OU DE BORRACHA. NO FUTEBOL, A BOLA É JOGADA COM OS PÉS, APENAS O GOLEIRO PODE PEGÁ-LA COM AS MÃOS.

BOLA DE FUTEBOL DE COURO.

BOLA DE BASQUETE DE BORRACHA.

BOLA DE RÚGBI DE COURO.

EM OUTROS ESPORTES, A BOLA É CONDUZIDA COM AS MÃOS, COMO NO BASQUETE, OU COM MÃOS E PÉS, COMO NO RÚGBI.

JOGO DE RÚGBI.

ALGUNS ESPORTES USAM TACO PARA CONDUZIR A BOLA, COMO O HÓQUEI E O BEISEBOL.

JOGO DE HÓQUEI.

BONECAS

AS BONECAS TAMBÉM SÃO BRINQUEDOS MUITO ANTIGOS. ERAM FEITAS DE MATERIAIS VARIADOS, COMO MADEIRA, ARGILA, TECIDO, METAL E FIBRA DE PLANTAS.

BONECA EGÍPCIA, CERCA DE 2030-1802 A.C. MADEIRA, MIÇANGAS DE CERÂMICA E FIBRA VEGETAL. ALTURA: 22,8 CM. MUSEU METROPOLITANO DE ARTE, NOVA YORK, EUA.

BONECA GREGA COM PERNAS E BRAÇOS MÓVEIS, CERCA DE 500 A.C. TERRACOTA E METAL. ALTURA: 12 CM. MUSEU METROPOLITANO DE ARTE, NOVA YORK, EUA.

BONECA CHANCAY, CERCA DE 1100-1400. TECIDO DE LÃ, PALHA E PENAS. ALTURA: 26,5 CM. MUSEU LOMBARDS, ILLINOIS, EUA.

ARGILA: BARRO.
TERRACOTA: ARGILA MOLDADA E COZIDA EM FORNO.

AS BONECAS ATUAIS SÃO UM POUCO DIFERENTES DAS BONECAS DO PASSADO, POIS MUDARAM OS MATERIAIS E A FORMA DE SEREM FEITAS.

BONECAS ATUAIS FEITAS DE VINIL, UM TIPO DE PLÁSTICO MACIO.

MAS AINDA HOJE SÃO PRODUZIDAS BONECAS COM MATERIAIS QUE ERAM USADOS NO PASSADO.

1. BONECA DE PALHA DE MILHO. 2. BONECA DE TECIDO. 3. BONECA JAPONESA DE MADEIRA, CHAMADA DE *KOKESHI*.

MÃOS À OBRA

✏️ DESENHE O BRINQUEDO DE QUE VOCÊ MAIS GOSTA.

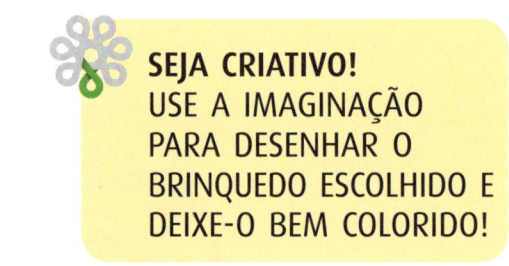

SEJA CRIATIVO!
USE A IMAGINAÇÃO PARA DESENHAR O BRINQUEDO ESCOLHIDO E DEIXE-O BEM COLORIDO!

CAPÍTULO 2 — BRINCADEIRAS

MUITAS BRINCADEIRAS FORAM TRAZIDAS PARA O BRASIL EM ÉPOCAS DIFERENTES E POR PESSOAS DE VÁRIOS PAÍSES.

OUTRAS BRINCADEIRAS PODEM TER SIDO CRIADAS PELOS INDÍGENAS QUE JÁ MORAVAM NO BRASIL ANTES DA CHEGADA DOS PORTUGUESES.

CRIANÇAS BRINCANDO DE RODA.

MENINA PULANDO CORDA.

ATUALMENTE, ESSAS BRINCADEIRAS JÁ FAZEM PARTE DAS NOSSAS TRADIÇÕES E AS CRIANÇAS AINDA GOSTAM MUITO DELAS.

QUE TAL CONHECER A ORIGEM DE ALGUMAS DESSAS BRINCADEIRAS?

MENINA BRINCANDO DE CAMA DE GATO.

AMARELINHA

ESSA BRINCADEIRA TEVE ORIGEM NA ANTIGA ROMA, ONDE HOJE É A ITÁLIA.

AS CRIANÇAS BRINCAM DE AMARELINHA EM UM DESENHO FEITO NO CHÃO, FORMADO POR "CASAS" NUMERADAS.

OBSERVE A IMAGEM A SEGUIR.

BARBARA ROCHLITZ. *AMARELINHA*, 2008. ÓLEO SOBRE TELA, 30 x 40 CM. GALERIA JACQUES ARDIES, SÃO PAULO (SP).

NESSA REPRODUÇÃO DE UM QUADRO DE BARBARA ROCHLITZ, VEMOS UMA MENINA BRINCANDO DE AMARELINHA. ELA USA UM DESENHO FEITO COM GIZ DE LOUSA NA CALÇADA.

HÁ MUITAS FORMAS DE DESENHAR UMA AMARELINHA. OBSERVE AS IMAGENS A SEGUIR.

AMARELINHA COMUM, COM NÚMEROS ESCRITOS EM QUADROS, E AMARELINHA COM AS LETRAS DO ALFABETO EM FORMATO DE "COBRINHA".

AMARELINHA COM NÚMEROS ESCRITOS EM CÍRCULOS E AMARELINHA EM FORMATO DE CÍRCULO COM LETRAS DO ALFABETO.

HÁ DESENHOS DE AMARELINHA COMUNS E OUTROS BEM DIFERENTES.

MAS TODAS AS AMARELINHAS SÃO PULADAS DA MESMA FORMA: O PARTICIPANTE JOGA UMA PEDRINHA EM UMA DAS CASAS; DEPOIS, PULA DE CASA EM CASA, EM UM PÉ OU EM DOIS PÉS, ATÉ CHEGAR À ÚLTIMA CASA. MAS NÃO PODE PISAR NA CASA ONDE ESTÁ A PEDRINHA.

CIRANDA, CIRANDINHA

A CIRANDA FOI TRAZIDA DE PORTUGAL E ERA DANÇADA APENAS POR ADULTOS. MAS LOGO PASSOU A SER IMITADA PELAS CRIANÇAS E SE TORNOU UMA BRINCADEIRA POPULAR.

IVAN CRUZ. *CIRANDA*, 2008.
ÓLEO SOBRE TELA, 30 x 40 CM.
COLEÇÃO PARTICULAR.

TODOS PODEM BRINCAR DE CIRANDA, ADULTOS, ADOLESCENTES E CRIANÇAS.

OS PARTICIPANTES GIRAM, CANTAM CANTIGAS DE RODA E FAZEM PASSOS PRÓPRIOS DE CADA UMA DESSAS CANTIGAS.

OBSERVE AS IMAGENS E OUÇA AS CANTIGAS A SEGUIR. DEPOIS, APRENDA COMO DEVEM SER BRINCADAS.

ÁUDIO
BORBOLETINHA

BORBOLETINHA

BORBOLETINHA TÁ NA COZINHA
MEXENDO CHOCOLATE PRA VOVOZINHA
PETI PETI PERNA DE PAU
OLHO DE VIDRO E NARIZ DE
 [PICA-PAU PAU PAU.

DA TRADIÇÃO POPULAR.

ÁUDIO
ALECRIM

ALECRIM

ALECRIM, ALECRIM DOURADO
QUE NASCEU NO CAMPO
SEM SER SEMEADO

FOI O MEU AMOR
QUE ME DISSE ASSIM
QUE A FLOR DO CAMPO
É O ALECRIM

DA TRADIÇÃO POPULAR.

A CIRANDA É UMA BRINCADEIRA QUE PODE REUNIR VÁRIOS TIPOS DE GRUPOS.

CANTIGA DE RODA: CANÇÃO COMPOSTA PARA BRINCAR DE RODA.

PULAR CORDA

NÃO SE SABE AO CERTO A ORIGEM DA BRINCADEIRA DE PULAR CORDA. OS ESTUDIOSOS ACREDITAM QUE FORAM OS INDÍGENAS QUE FIZERAM ESSA BRINCADEIRA FICAR POPULAR NO BRASIL.

RICARDO FERRARI. *QUINTAL*, 2013. ÓLEO SOBRE TELA, 60 x 100 CM. COLEÇÃO PARTICULAR.

HÁ VÁRIAS MANEIRAS DE BRINCAR. POR EXEMPLO, DUAS PESSOAS BATEM UMA CORDA NO CHÃO ENQUANTO OUTRAS PULAM OU UMA BATE CORDA ENQUANTO PULA SOZINHA OU ACOMPANHADA.

MENINAS PULAM CORDA JUNTAS.

NA BRINCADEIRA DE PULAR CORDA, OS SALTOS PODEM SER MARCADOS POR UMA PARLENDA QUE OS PARTICIPANTES RECITAM.

OUÇA ALGUNS EXEMPLOS DE PARLENDA.

SALADA, SALADINHA

SALADA, SALADINHA
BEM TEMPERADINHA
COM SAL, PIMENTA
FOGO, FOGUINHO, FOGÃO!

DA TRADIÇÃO POPULAR.

ÁUDIO
SALADA, SALADINHA

ÁUDIO
UM, DOIS, FEIJÃO COM ARROZ

UM, DOIS, FEIJÃO COM ARROZ

UM, DOIS, FEIJÃO COM ARROZ,
TRÊS, QUATRO, FEIJÃO NO PRATO,
CINCO, SEIS, FALAR INGLÊS,
SETE, OITO, COMER BISCOITO,
NOVE, DEZ, COMER PASTÉIS.

DA TRADIÇÃO POPULAR.

SUBI NA ROSEIRA

SUBI NA ROSEIRA,
QUEBREI UM GALHO,
ME SEGURA FRANCISCO,
SENÃO EU CAIO.

DA TRADIÇÃO POPULAR.

ÁUDIO
SUBI NA ROSEIRA

PARLENDA: CONJUNTO DE RIMAS INFANTIS USADO EM BRINCADEIRAS.

CAMA DE GATO

OS INDÍGENAS KALAPALO GOSTAM MUITO DA BRINCADEIRA DA CAMA DE GATO. ELES CHAMAM ESSA BRINCADEIRA DE *KETINHO MITSELÜ*.

ESSES INDÍGENAS USAM UM FIO COMPRIDO FEITO DE PALHA DE PALMEIRA TORCIDA E AMARRADA NAS PONTAS.

ELES ENTRELAÇAM O FIO COM OS DEDOS PARA FORMAR DIVERSAS FIGURAS. OBSERVE.

CAMA DE GATO FEITA COM FIBRA DE PALMEIRA. FIGURA DE MORCEGO. INDÍGENAS KALAPALO, ALDEIA AIHA. PARQUE INDÍGENA DO XINGU (MT).

ESSA BRINCADEIRA PODE SER FEITA POR UMA OU MAIS PESSOAS, MAS GERALMENTE É FEITA EM DUPLA.

MENINAS BRINCANDO DE CAMA DE GATO.

TERRA-MAR

AUDIOVISUAL
CRIANÇAS PELO MUNDO

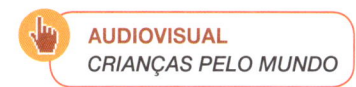

EM MOÇAMBIQUE, NA ÁFRICA, AS CRIANÇAS GOSTAM DE UMA BRINCADEIRA CHAMADA TERRA-MAR.

ELAS RISCAM UMA LINHA RETA NO CHÃO. DE UM LADO, ESCREVEM **TERRA**. DO OUTRO, ESCREVEM **MAR**. DEPOIS, ESCOLHEM QUEM VAI COMANDAR A BRINCADEIRA.

TODAS FICAM DO LADO **TERRA**. QUANDO OUVEM O COMANDANTE DIZER "MAR", TODAS DEVEM PULAR PARA O LADO ESCRITO **MAR**. QUANDO OUVEM "TERRA", ELAS PULAM PARA O LADO OPOSTO.

QUEM PULA PARA O LADO ERRADO SAI DA BRINCADEIRA. QUEM NÃO ERRA ATÉ O FINAL É O VENCEDOR.

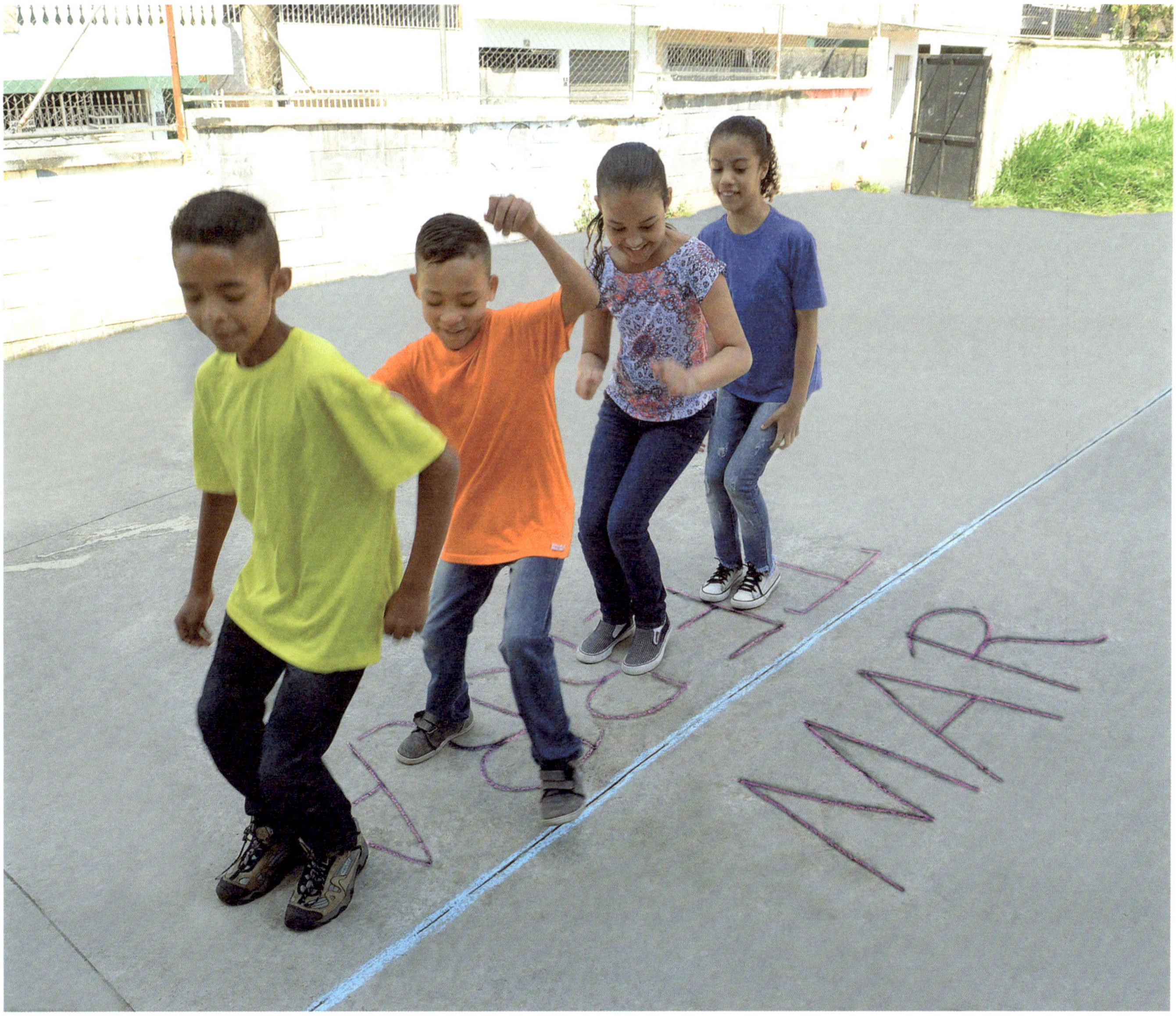

FERNANDO FAVORETTO

CRIANÇAS BRINCANDO DE TERRA-MAR EM SÃO CAETANO DO SUL (SP).

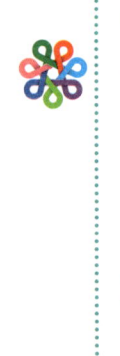

CONVERSE COM OS COLEGAS. DEPOIS, REGISTRE SUAS RESPOSTAS.

1. VOCÊ CONHECIA ALGUMA DESSAS BRINCADEIRAS?

☐ SIM. ☐ NÃO.

2. VOCÊ SABE ONDE FICAM MÉXICO, ITÁLIA, PORTUGAL E MOÇAMBIQUE?

☐ SIM. ☐ NÃO.

APROVEITE O QUE JÁ SABE!
USE O QUE APRENDEU PARA RESPONDER ÀS QUESTÕES.

3. VOCÊ CONHECE ALGUMA CANTIGA DE RODA OU PARLENDA? SE CONHECE, DITE PARA O PROFESSOR E DEPOIS ESCREVA A SEGUIR O NOME DA CANTIGA OU DA PARLENDA.

MÃOS À OBRA

QUE TAL AGORA EXPERIMENTAR UMA DAS BRINCADEIRAS DAS PÁGINAS ANTERIORES? ORGANIZEM-SE EM GRUPOS. CADA GRUPO ESCOLHE UMA BRINCADEIRA.

DEPOIS, SIGAM AS ORIENTAÇÕES DO PROFESSOR.

OUÇA AS PESSOAS COM RESPEITO E ATENÇÃO!
REFLITA SOBRE O QUE ESTÁ SENDO DITO.

CAMILA DE GODOY TEIXEIRA

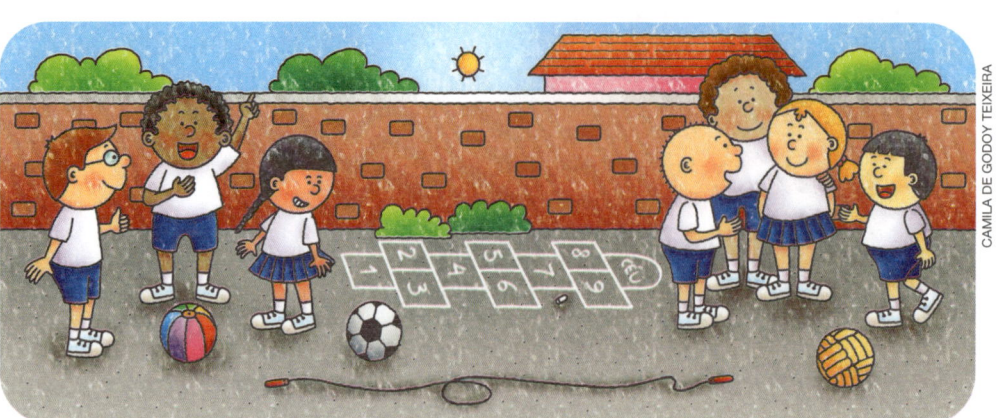

CAPÍTULO 3 ARTE *NAÏF*

AS OBRAS DE ARTE APRESENTADAS NESTE CAPÍTULO SÃO CONHECIDAS COMO ARTE *NAÏF*.

NA PINTURA *NAÏF*, AS CORES SÃO FORTES E ALEGRES. OS ELEMENTOS SÃO RETRATADOS COM MUITOS DETALHES E OS TRAÇOS SÃO SIMPLES.

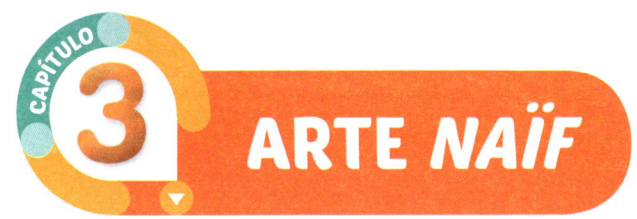

VANICE AYRES LEITE – GALERIA JACQUES ARDIES, SÃO PAULO

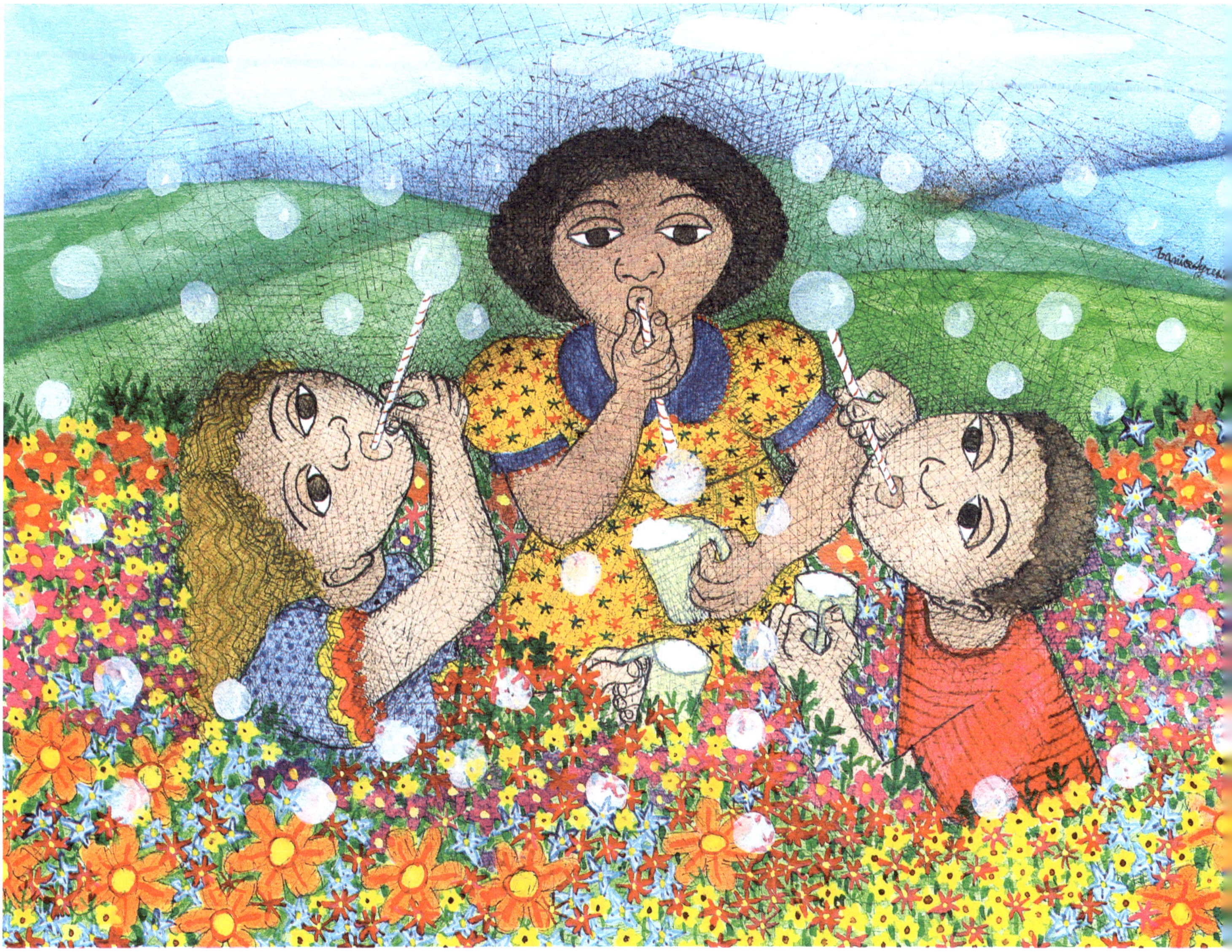

VANICE AYRES LEITE. *BOLINHAS DE SABÃO*, 2015.
NANQUIM COLORIDO SOBRE PAPEL, 30 x 42 CM.
GALERIA JACQUES ARDIES, SÃO PAULO (SP).

OS ARTISTAS *NAÏF* COSTUMAM APRENDER A PINTAR OU A DESENHAR OBSERVANDO OUTROS ARTISTAS.

A PINTURA *NAÏF* RETRATA AS FESTAS, A NATUREZA E O DIA A DIA DAS PESSOAS. OBSERVE AS IMAGENS.

ARTISTA DESCONHECIDO. *FESTA NO CAMPO*, 1853. ÓLEO SOBRE TELA, SEM DIMENSÕES. COLEÇÃO PARTICULAR.

JOHN KANE. *VISTA DA JANELA DO ESTÚDIO*, 1932. ÓLEO SOBRE TELA, 56,8 x 87,3 CM. MUSEU METROPOLITANO DE ARTE, NOVA YORK, EUA.

CONVERSE COM OS COLEGAS. DEPOIS, REGISTRE SUAS RESPOSTAS.

JOGO *BRINCADEIRAS ANTIGAS*

1. VOCÊ JÁ BRINCOU DE BOLINHAS DE SABÃO?

☐ SIM. ☐ NÃO.

2. MARQUE AS CORES QUE APARECEM NA OBRA *BOLINHAS DE SABÃO*, DA PÁGINA 27.

☐ VERDE ☐ LARANJA ☐ AMARELA

☐ VERMELHA ☐ AZUL ☐ ROSA

3. FAÇA UM DESENHO E PINTE COM A SUA COR FAVORITA.

4. EXISTEM CORES SÓ DE MENINAS E CORES SÓ DE MENINOS?

☐ SIM. ☐ NÃO.

LEGENDAS

VOCÊ NOTOU QUE PERTO DE CADA IMAGEM DE OBRA DE ARTE HÁ UM TEXTO COM ALGUMAS INFORMAÇÕES?

OBSERVE NA IMAGEM ABAIXO UM TEXTO DESSES.

ANA MARIA DIAS. *ESCONDE-ESCONDE*, 2014. ACRÍLICA SOBRE TELA, 30 x 40 CM. GALERIA JACQUES ARDIES, SÃO PAULO (SP).

ESSE TEXTO É CHAMADO DE LEGENDA. ELE TRAZ INFORMAÇÕES SOBRE A OBRA.

LEIA O QUE SIGNIFICA A LEGENDA DA TELA QUE VOCÊ ACABOU DE APRECIAR.

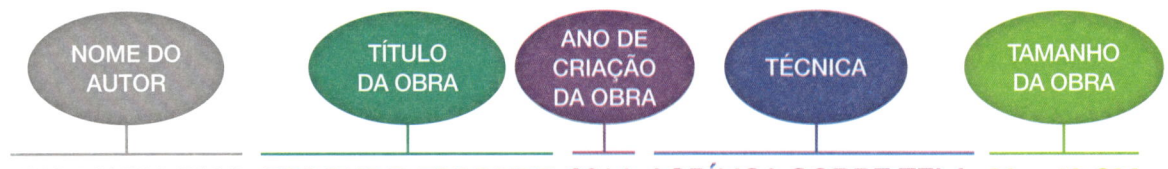

MÃOS À OBRA

USANDO OS ADESIVOS DO MATERIAL DE APOIO DA PÁGINA 106, MONTE UMA OBRA *NAÏF* SOBRE A NATUREZA.

SEJA CRIATIVO!
COLE OS ADESIVOS E CRIE UMA OBRA QUE MOSTRE A NATUREZA CHEIA DE VIDA.

UNIDADE 2
AS LINGUAGENS DA ARTE

CRIANÇAS DE 6 A 9 ANOS SE APRESENTANDO NO ESPETÁCULO MUSICAL *NEZKAIKA* ("NÃO SEI!"), PRODUZIDO PELA ESCOLA ONDE ESTUDAM, NA CIDADE DE DNIPRO, NA UCRÂNIA.

CAPÍTULO 1. LINGUAGENS DA ARTE

PARA NOS COMUNICAR, USAMOS UMA LINGUAGEM.

A LINGUAGEM QUE MAIS USAMOS É A QUE EMPREGA PALAVRAS FALADAS OU ESCRITAS. MAS TAMBÉM PODEMOS NOS COMUNICAR DE OUTRAS FORMAS.

O ARTISTA IVAN CRUZ, POR EXEMPLO, ESCOLHEU A PINTURA COMO LINGUAGEM PARA CONTAR QUE UM MENINO E UMA MENINA ESTÃO BRINCANDO DE TELEFONE DE LATA. OBSERVE A REPRODUÇÃO DESSA TELA.

IVAN CRUZ. *TELEFONE DE LATA II*, 2005. ÓLEO SOBRE TELA, SEM DIMENSÕES. COLEÇÃO PARTICULAR.

A PINTURA É UMA FORMA DE COMUNICAÇÃO VISUAL.

CHAMAMOS DE ARTE AQUILO QUE UMA PESSOA PRODUZ COM SUA CAPACIDADE DE CRIAR, SENTIR E EXPRESSAR IDEIAS, EMOÇÕES OU SENTIMENTOS.

NA MÍMICA, A LINGUAGEM DOS GESTOS E DAS EXPRESSÕES DO CORPO E DO ROSTO É USADA PARA COMUNICAR IDEIAS E TRANSMITIR EMOÇÕES OU SENTIMENTOS.

MÍMICOS SE APRESENTANDO.

AS PRINCIPAIS LINGUAGENS USADAS EM ARTE SÃO: ARTES VISUAIS, MÚSICA, DANÇA E TEATRO.

CADA UMA DESSAS LINGUAGENS TEM JEITOS PRÓPRIOS DE EXPRESSÃO.

ARTES VISUAIS

AS ARTES VISUAIS SÃO O DESENHO, A PINTURA, A FOTOGRAFIA, A ESCULTURA, A INSTALAÇÃO, O CINEMA. OBSERVE AS IMAGENS.

EDGAR DEGAS. *TRÊS ESTUDOS PARA UMA BAILARINA NA QUARTA POSIÇÃO*, 1879-80. LÁPIS, PASTEL E CARVÃO SOBRE PAPEL, 48 x 61,6 CM. INSTITUTO DE ARTE DE CHICAGO, EUA.

EDGAR DEGAS. *BAILARINA DE QUATORZE ANOS*. BRONZE COM VESTUÁRIO, 99 CM DE ALTURA.

EDGAR DEGAS. *CLASSE DE BALÉ*, 1870. ÓLEO SOBRE MADEIRA, 19,7 x 27 CM. MUSEU METROPOLITANO DE ARTE DE NOVA YORK, EUA.

OBSERVE ESTA FOTO DE INSTALAÇÃO ARTÍSTICA.

INSTALAÇÃO ARTÍSTICA COM GUARDA-CHUVAS COLORIDOS EM UMA RUA DE ÁGUEDA, EM PORTUGAL. ELA ACONTECE TODOS OS ANOS NO MÊS DE JULHO.

INSTALAÇÃO: MANIFESTAÇÃO ARTÍSTICA FORMADA POR ELEMENTOS ORGANIZADOS EM UM AMBIENTE.

CONVERSE COM OS COLEGAS. DEPOIS, ESCREVA EMBAIXO DE CADA IMAGEM SE ELA É **DESENHO**, **PINTURA** OU **FOTOGRAFIA**.

DESENHO:	CECIL CHARLES WINDSOR ALDIN. DETALHE DE *PEKES*, 1930. GIZ E CARVÃO SOBRE PAPEL, SEM DIMENSÕES. COLEÇÃO PARTICULAR.
PINTURA:	FRIEDRICH WILHELM KEYL. *LOOTY*, 1861. ÓLEO SOBRE TELA, 33,4 x 38 CM. COLEÇÃO REAL DA RAINHA ELIZABETH II.

- ESSAS IMAGENS SÃO DE QUAL TIPO DE LINGUAGEM ARTÍSTICA?

_____

_____

MÚSICA

A MÚSICA É UMA FORMA DE ARTE QUE COMBINA SONS E RITMOS.

ELA PODE SER INTERPRETADA SOZINHA OU COMO PARTE DE UM ESPETÁCULO DE TEATRO OU DE DANÇA.

TAMBÉM PODE ACOMPANHAR MOSTRAS DE ARTES VISUAIS.

ORQUESTRA SINFÔNICA JOVEM DE PONTEVEDRA, NA ESPANHA, TOCANDO NO TEATRO DA CIDADE.

MOSTRA: EXPOSIÇÃO DE OBRAS DE ARTE OU DE CINEMA.

BANDA DE CRIANÇAS JAPONESAS TOCANDO DURANTE O CARNAVAL DE ASAKUSA, NA CIDADE DE TÓQUIO, NO JAPÃO.

CONVERSE COM OS COLEGAS. DEPOIS, FAÇA AS ATIVIDADES.

1. ESCREVA EMBAIXO DA FOTO DE CADA INSTRUMENTO MUSICAL COMO ELE É TOCADO: **SOPRANDO**, **BATENDO** OU **DEDILHANDO**.

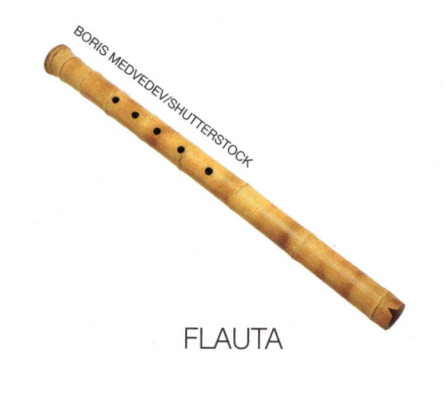

ÁUDIO
VIOLÃO, FLAUTA, TAMBOR

VIOLÃO

FLAUTA

TAMBOR

DEDILHAR: TOCAR COM OS DEDOS.

FAÇA PERGUNTAS!
NÃO ESCONDA SUAS DÚVIDAS NEM SUA CURIOSIDADE. PERGUNTE SEMPRE.

ÁUDIO
BATENDO PALMAS DEVAGAR E RÁPIDO

2. QUE TAL FAZER UMA ATIVIDADE COM SONS?

- FORME UMA RODA COM SEUS COLEGAS E SIGA OS COMANDOS QUE O PROFESSOR VAI DAR. ELE VAI PEDIR PARA VOCÊS BATEREM PALMAS BEM DEVAGAR OU BEM RÁPIDO, BEM FORTE OU BEM FRACO.

DANÇA

A DANÇA É OUTRA FORMA DE LINGUAGEM ARTÍSTICA QUE PODE SER INTERPRETADA SOZINHA OU ACOMPANHANDO OUTRAS LINGUAGENS ARTÍSTICAS.

NA DANÇA, USAMOS OS MOVIMENTOS DO CORPO.

CRIANÇAS ENSAIANDO UMA COREOGRAFIA.

CRIANÇAS EM APRESENTAÇÃO DE DANÇA EM ODESSA, NA UCRÂNIA.

CONVERSE COM OS COLEGAS. DEPOIS, FAÇA AS ATIVIDADES.

1. CIRCULE NA FOTO AS PARTES DO CORPO QUE MOVEMOS QUANDO DANÇAMOS. DITE PARA O PROFESSOR O NOME DE CADA PARTE E, DEPOIS, COPIE OS NOMES DAS PARTES CIRCULADAS.

APROVEITE O QUE JÁ SABE! USE O QUE APRENDEU ATÉ HOJE PARA FAZER AS ATIVIDADES.

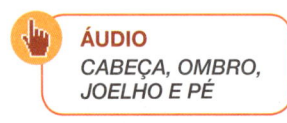

ÁUDIO
CABEÇA, OMBRO, JOELHO E PÉ

2. QUE TAL CANTAR E BRINCAR INDICANDO PARTES DO CORPO? PARA ISSO, SIGA AS INSTRUÇÕES DO PROFESSOR.

CABEÇA, OMBRO, JOELHO E PÉ

CABEÇA, OMBRO, JOELHO E PÉ
JOELHO E PÉ
OLHOS, ORELHAS, BOCA E NARIZ
CABEÇA, OMBRO, JOELHO E PÉ
JOELHO E PÉ.

DA TRADIÇÃO POPULAR.

TEATRO

O TEATRO É UMA ARTE EM QUE UM OU MAIS ATORES INTERPRETAM UMA HISTÓRIA PARA CAUSAR SENTIMENTOS VARIADOS NO PÚBLICO.

NO TEATRO, PODEMOS USAR TODAS AS LINGUAGENS DA ARTE. OBSERVE A FOTO.

CENA DA PEÇA DE TEATRO *OS TRÊS PORQUINHOS*. TEATRO ARRAIAL ARIANO SUASSUNA, RECIFE (PE).

CONVERSE COM OS COLEGAS. DEPOIS, FAÇA O QUE SE PEDE.

1. MARQUE UM X NA PROFISSÃO DAS PESSOAS RETRATADAS NA FOTO ACIMA.

☐ MÉDICOS.   ☐ MOTORISTAS.   ☐ ATORES.

2. QUE TIPO DE ANIMAL ELES ESTÃO REPRESENTANDO NESSA FOTO?

☐ CACHORROS. ☐ PORCOS. ☐ BORBOLETAS.

3. VOCÊ JÁ VIU UMA PEÇA DE TEATRO COM OS TRÊS PORQUINHOS? SE VIU, ESCREVA ONDE ELA FOI APRESENTADA.

_____

_____

_____

> ORGANIZE SEUS PENSAMENTOS ANTES DE FALAR OU ESCREVER! CAPRICHE NA HORA DE EXPLICAR SUAS IDEIAS.

4. QUE TAL LER A HISTÓRIA DOS TRÊS PORQUINHOS? ELA É CONTADA NA PEÇA DE TEATRO.

ERA UMA VEZ, TRÊS PORQUINHOS QUE MORAVAM COM A MÃE. UM DIA, PARTIRAM PARA CADA UM CONSTRUIR A SUA CASA.

O IRMÃO MAIS NOVO E O IRMÃO DO MEIO QUERIAM BRINCAR. ENTÃO, PARA CONSTRUIR RÁPIDO AS CASAS, ELES USARAM PALHA E MADEIRA.

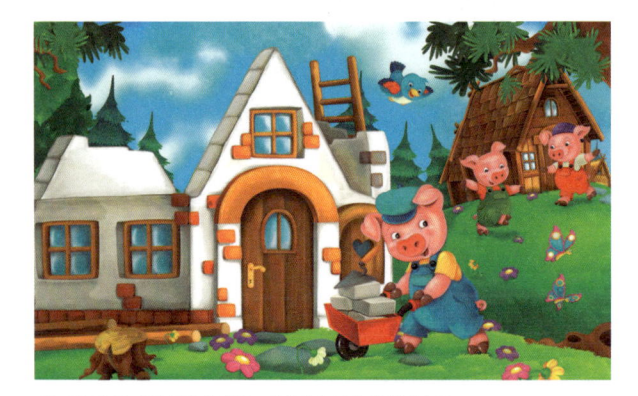

O PORQUINHO MAIS VELHO COMEÇOU A CONSTRUIR UMA CASA DE TIJOLOS, BEM RESISTENTE.

UM DIA, UM LOBO TENTOU PEGAR OS PORQUINHOS. COM MEDO, ELES FUGIRAM CADA UM PARA SUA CASA.

O LOBO FOI ATÉ A CASA DE PALHA DO PORQUINHO MAIS NOVO E A DERRUBOU COM UM SOPRO BEM FORTE.

O PORQUINHO MAIS NOVO FUGIU PARA A CASA DE MADEIRA DO IRMÃO DO MEIO. MAS O LOBO FOI ATÉ LÁ E, COM DOIS SOPROS, TAMBÉM DERRUBOU A CASA.

APAVORADOS, OS DOIS PORQUINHOS CORRERAM PARA A CASA DE TIJOLOS DO IRMÃO MAIS VELHO.

ASSIM QUE OS PORQUINHOS ENTRARAM, O LOBO CHEGOU E ASSOPROU, ASSOPROU, MAS A CASA DE TIJOLOS NÃO CAIU.

COMO O LOBO ESTAVA DECIDIDO A PEGAR OS PORQUINHOS, SUBIU NO TELHADO E COMEÇOU A DESCER PELA CHAMINÉ...

MAS O PORQUINHO MAIS VELHO PERCEBEU QUE O LOBO ESTAVA DESCENDO PELA CHAMINÉ. TIROU O CALDEIRÃO DE SOPA QUE ESTAVA COZINHANDO E O RABO DO LOBO PEGOU FOGO.

O LOBO SUBIU PELA CHAMINÉ E SAIU CORRENDO, TENTANDO APAGAR O FOGO.

OS PORQUINHOS, ENTÃO, CONSTRUÍRAM NOVAS CASAS. SÓ QUE DESSA VEZ TODOS USARAM TIJOLOS.

OS TRÊS PORQUINHOS. TEXTO ORIGINAL EM INGLÊS COMPILADO POR JOSEPH JACOBS (1854-1916) E PUBLICADO EM 1890 NO LIVRO *ENGLISH FAIRY TALES*, N. 14, P. 68-72. TEXTO ORIGINAL INGLÊS EM DOMÍNIO PÚBLICO. TRADUZIDO E ADAPTADO ESPECIALMENTE PARA ESTE LIVRO, 2017.

CONHEÇA O ARTISTA

JOSEPH JACOBS NASCEU NA AUSTRÁLIA EM 1854, MAS VIVEU NA INGLATERRA.

ERA ESCRITOR E ESTUDOU O FOLCLORE INGLÊS.

ELE COLETAVA HISTÓRIAS CONTADAS PELAS PESSOAS PARA DEPOIS PUBLICAR EM LIVROS.

O CONTO *OS TRÊS PORQUINHOS* FOI UMA DAS HISTÓRIAS QUE PUBLICOU.

FALECEU EM 1916.

FOLCLORE: AS LENDAS E AS MANIFESTAÇÕES ARTÍSTICAS E CULTURAIS DE UM POVO.

COLETAR: OUVIR E REGISTRAR HISTÓRIAS CONTADAS PELAS PESSOAS PARA DEPOIS ESTUDAR OU PUBLICAR EM LIVRO.

MÃOS À OBRA

AGORA, COM OS COLEGAS DE CLASSE, SIGA O ROTEIRO PARA FAZER UMA APRESENTAÇÃO TEATRAL DA HISTÓRIA DOS TRÊS PORQUINHOS.

1. OUÇAM O PROFESSOR LER MAIS UMA VEZ A HISTÓRIA DOS TRÊS PORQUINHOS.

2. FORMEM GRUPOS DE CINCO ESTUDANTES E ESCOLHAM O PAPEL QUE CADA UM FARÁ: MÃE, PORQUINHOS E LOBO.

3. CADA GRUPO VAI ENSAIAR A APRESENTAÇÃO DA PEÇA QUE FARÁ PARA A TURMA.

4. CADA GRUPO VAI APRESENTAR A PEÇA DE TEATRO QUE ENSAIOU.

CAPÍTULO 2 — PAISAGEM SONORA

OS SONS TAMBÉM FAZEM PARTE DA PAISAGEM. OBSERVE A REPRODUÇÃO DE DUAS TELAS: UMA MOSTRA A RUA DE UMA CIDADE, E A OUTRA, UMA FLORESTA. OUÇA OS SONS REFERENTES A ELAS.

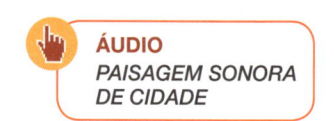

ÁUDIO
PAISAGEM SONORA DE CIDADE

HELENA COELHO. *ACROBACIAS POR ALGUNS TROCADOS*, 2005. ÓLEO SOBRE TELA, 60 x 80 CM. GALERIA JACQUES ARDIES, SÃO PAULO (SP).

JANDAIA: AVE QUE HABITA DESDE O SUL DA BAHIA ATÉ O NORTE DO PARANÁ.

ÁUDIO
PAISAGEM SONORA DE FLORESTA

MARA D. TOLEDO. *AS ALEGRES JANDAIAS*, 2016. ÓLEO SOBRE TELA, 100 x 140 CM. GALERIA JACQUES ARDIES, SÃO PAULO (SP).

A NATUREZA COMO INSPIRAÇÃO

ALGUNS MÚSICOS SE INSPIRAM NOS SONS DA NATUREZA PARA COMPOR SUAS OBRAS.

ANTONIO VIVALDI, QUE VIVEU HÁ MAIS DE 300 ANOS, COMPÔS UMA PEÇA MUSICAL PARA CADA UMA DAS QUATRO ESTAÇÕES DO ANO. OBSERVE AS FOTOS E ESCUTE ALGUNS TRECHOS DA PEÇA.

ÁUDIO
AS QUATRO ESTAÇÕES: PRIMAVERA, VERÃO, OUTONO, INVERNO

PRIMAVERA.

VERÃO.

OUTONO.

INVERNO.

CONHEÇA O ARTISTA

ANTONIO LUCIO VIVALDI NASCEU EM VENEZA, NA ITÁLIA, EM 1678. ELE FOI COMPOSITOR, VIOLONISTA E MAESTRO. VIVALDI COMPÔS CONCERTOS, ÓPERAS E CENTENAS DE OUTRAS OBRAS MUSICAIS.

CONVERSE COM OS COLEGAS SOBRE AS IMAGENS DAS PÁGINAS ANTERIORES. DEPOIS, RESPONDA ÀS QUESTÕES.

1. NA IMAGEM DA CIDADE, O QUE VOCÊ ACHA QUE PODE PRODUZIR SOM, ALÉM DOS CARROS E DAS PESSOAS? DITE SUA RESPOSTA PARA O PROFESSOR. DEPOIS, COPIE A RESPOSTA QUE ELE ANOTOU NA LOUSA.

_____
_____
_____
_____

2. NA IMAGEM DE FLORESTA, ALÉM DOS PÁSSAROS, O QUE PODE PRODUZIR SOM? DITE SUA RESPOSTA PARA O PROFESSOR. DEPOIS, COPIE A RESPOSTA QUE ELE ANOTOU NA LOUSA.

TENTE OUTROS CAMINHOS! PROCURE JEITOS DIFERENTES PARA RESOLVER A QUESTÃO.

_____
_____
_____
_____

3. FIQUE EM SILÊNCIO DURANTE ALGUNS MINUTOS E PRESTE ATENÇÃO AOS SONS AO SEU REDOR E AOS SONS FORA DA SALA.
DEPOIS, ESCREVA OU DESENHE O QUE OUVIU.

MUSICANDO

UMA PAISAGEM SONORA É FORMADA PELOS DIFERENTES SONS QUE FAZEM PARTE DE UM AMBIENTE.

ESSES SONS PODEM SER O BARULHO DA ÁGUA DE UM RIO, O SOM DO VENTO NAS ÁRVORES, A VOZ DAS PESSOAS, OS SONS DOS ANIMAIS OU O SOM DOS CARROS E DAS MÁQUINAS.

VAMOS TESTAR?

1. DESTAQUE OS CARTONADOS DE ANIMAIS DA PÁGINA 101 E COLE-OS AO LADO DO SOM QUE CADA ANIMAL PRODUZ.

AU-AU

QUÁ

OINC-OINC

MUUU

MIAU

2. OBSERVE AS IMAGENS E LEIA AS LEGENDAS.

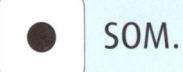

● SOM.

N SILÊNCIO.

DE ACORDO COM A IMAGEM, MARQUE NOS QUADRINHOS ● OU N.

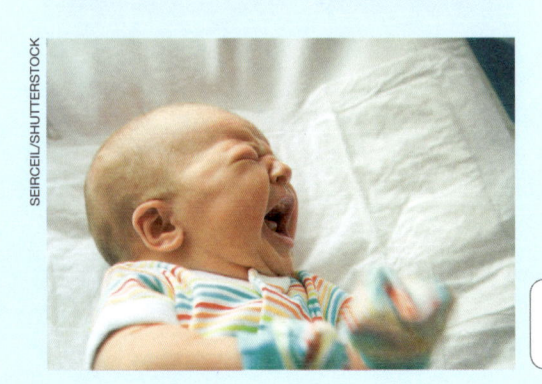

3. LEIA EM VOZ ALTA A PARLENDA. DEPOIS, O PROFESSOR VAI ENSINAR UMA BRINCADEIRA DIVERTIDA.

LAGARTO PINTADO

LAGARTO PINTADO, QUEM TE PINTOU?
FOI UMA MENINA QUE POR AQUI PASSOU.

LAGARTO VERDE, QUEM TE ESVERDEOU?
FOI UMA GALINHA QUE AQUI CISCOU.

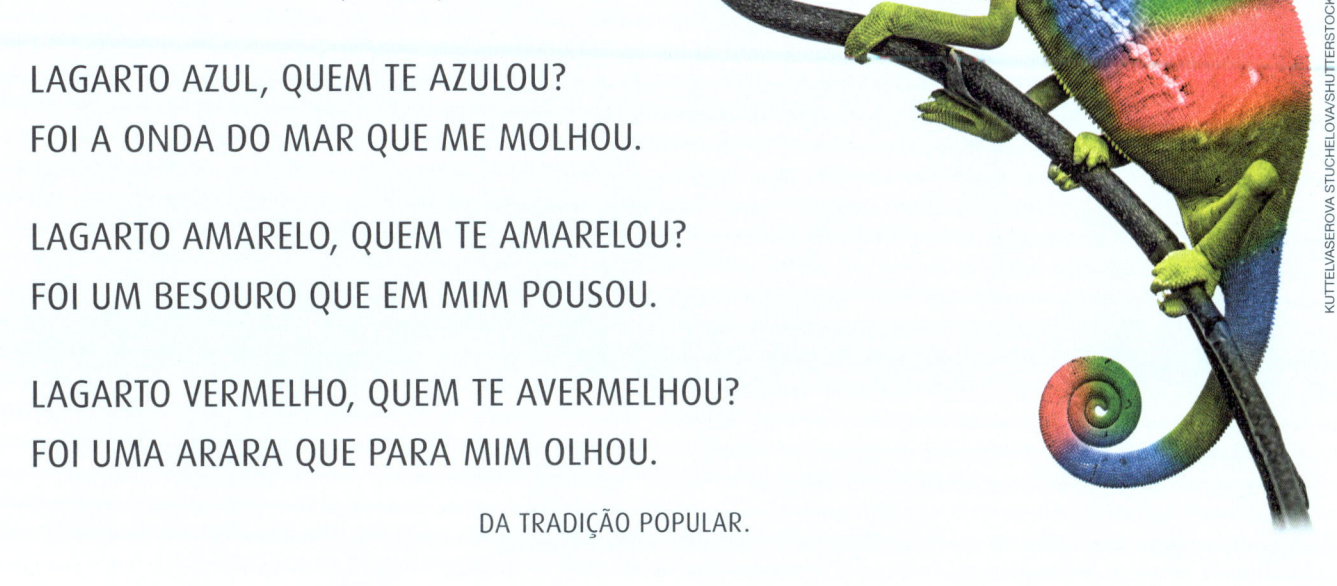

LAGARTO AZUL, QUEM TE AZULOU?
FOI A ONDA DO MAR QUE ME MOLHOU.

LAGARTO AMARELO, QUEM TE AMARELOU?
FOI UM BESOURO QUE EM MIM POUSOU.

LAGARTO VERMELHO, QUEM TE AVERMELHOU?
FOI UMA ARARA QUE PARA MIM OLHOU.

DA TRADIÇÃO POPULAR.

4. NESTA ATIVIDADE, QUE TAL TESTAR SONS DIFERENTES PRODUZIDOS POR VOCÊ? ENTÃO, SIGA AS ORIENTAÇÕES.
- COM A BOCA FECHADA, VOCÊ VAI EMITIR OS SONS QUE O PROFESSOR INDICAR.
- COM A BOCA ABERTA, VOCÊ VAI EMITIR OS SONS QUE O PROFESSOR INDICAR.

UNIDADE 3
O CIRCO CHEGOU!

CONSTÂNCIA NERY. *CIRCO LITERÁRIO*, 2012. ÓLEO SOBRE TELA, 50 x 70 CM. GALERIA JACQUES ARDIES, SÃO PAULO (SP).

CONVERSE COM OS COLEGAS.

1. DO QUE VOCÊ MAIS GOSTOU NESSA IMAGEM? POR QUÊ?
2. VOCÊ JÁ FOI A UM LUGAR PARECIDO COM ESSE? QUANDO? ONDE?
3. NA IMAGEM, QUAIS PROFISSIONAIS VOCÊ VÊ SE PREPARANDO PARA O ESPETÁCULO?

CAPÍTULO 1 — CIRCO

O CIRCO É UMA DAS MANIFESTAÇÕES DA ARTE MAIS ANTIGAS. NÃO SE SABE EXATAMENTE ONDE E QUANDO ELE SURGIU. MAS HÁ REGISTROS DE ARTISTAS SE APRESENTANDO EM LUGARES COMO CHINA, JAPÃO, ROMA, AMÉRICA DO SUL.

ACROBATA NEGRO, SÉCULO 2 A.C. ESTATUETA ROMANA DE BRONZE, SEM DIMENSÕES. MUSEU ARQUEOLÓGICO DE RABAT, MARROCOS, ÁFRICA.

ACROBATA, CERCA DE 600. ESTATUETA PRÉ-COLOMBIANA DE ARGILA, SEM DIMENSÕES. COLEÇÃO PARTICULAR.

VASO CHINÊS DECORADO COM ACROBATAS, SÉCULO 3 A.C. TERRACOTA, SEM DIMENSÕES. COLEÇÃO PARTICULAR.

ARTISTA DESCONHECIDO. DETALHE DE *ACROBATAS*, CERCA DE 1800. NANQUIM COLORIDO SOBRE PAPEL, 26,8 x 322,9 CM. MUSEU METROPOLITANO DE ARTE, NOVA YORK, EUA.

ARTE CIRCENSE

O CIRCO É UMA ARTE QUE ENVOLVE VÁRIAS LINGUAGENS ARTÍSTICAS, COMO O TEATRO, A MÚSICA E A DANÇA.

AS TRUPES CIRCENSES VIAJAM EM *TRAILERS* E CAMINHÕES POR MUITAS CIDADES E PAÍSES PARA MOSTRAR A ARTE QUE CRIAM.

EM GERAL, OS ARTISTAS SE APRESENTAM EMBAIXO DE UMA ESTRUTURA CHAMADA LONA.

> **TRUPE:** GRUPO DE ARTISTAS QUE ATUAM JUNTOS EM UM ESPETÁCULO.
> *TRAILER*: VAGÃO REBOCADO POR AUTOMÓVEL E USADO COMO MORADIA.

FOTO DA LONA MONTADA DE UM CIRCO.

EMBAIXO DA LONA, HÁ UM ESPAÇO CHAMADO PICADEIRO, ONDE OS ARTISTAS FAZEM OS ESPETÁCULOS.

ESSA FOTO MOSTRA UM CIRCO POR DENTRO. O PICADEIRO É A ÁREA INTERNA AO CÍRCULO AZUL.

NA MAIORIA DOS ESPETÁCULOS CIRCENSES, HÁ APRESENTAÇÕES DE ARTISTAS, COMO PALHAÇOS, MALABARISTAS, ACROBATAS E TRAPEZISTAS.

NOS CIRCOS, ÀS VEZES, TAMBÉM SÃO APRESENTADOS ESPETÁCULOS TEATRAIS.

PALHAÇOS SE APRESENTANDO EM LONDRES, REINO UNIDO.

MALABARISTA NO FESTIVAL INTERNACIONAL DE CIRCO, NA ROMÊNIA.

TRAPEZISTAS NO CIRCO BIG APPLE, EM NOVA YORK, EUA.

ACROBATAS DO CIRCO JUMBO, EM KERALA, ÍNDIA.

MÃOS À OBRA

PERGUNTE AOS ADULTOS COM QUEM VOCÊ VIVE QUAIS SÃO AS LEMBRANÇAS QUE ELES TÊM DE CIRCO E DE QUE ARTISTA MAIS GOSTAVAM.

DEPOIS, FAÇA UM DESENHO USANDO AS INFORMAÇÕES QUE CONSEGUIU E MOSTRE PARA OS COLEGAS.

SEJA CRIATIVO! INVENTE, USE A SUA IMAGINAÇÃO.

O CIRCO NO BRASIL

A ARTE CIRCENSE FOI TRAZIDA AO BRASIL POR FAMÍLIAS QUE VIERAM DA EUROPA.

O CIRCO NERINO FOI UM DOS MAIS FAMOSOS DO BRASIL.

ESSA COMPANHIA FOI FUNDADA EM 1913 POR NERINO AVANZI, TAMBÉM CONHECIDO COMO PALHAÇO PICOLINO.

OBSERVE FOTOS DE ARTISTAS DESSE CIRCO.

ALICE AVANZI SILVA FOI EQUILIBRISTA. FOTO DE 1960.

DA ESQUERDA PARA A DIREITA: ROGER AVANZI FILHO, NERINO AVANZI E ROGER AVANZI. FOTO SEM DATA.

A FAMÍLIA ERA MUITO IMPORTANTE EM UM CIRCO PORQUE OS ARTISTAS APRENDIAM AS ATIVIDADES COM ELA.

QUANDO UMA ATRAÇÃO ARTÍSTICA NÃO AGRADAVA, O CIRCO PARAVA DE APRESENTÁ-LA.

> **COMPANHIA:** NESSE CASO, NOME DADO AO GRUPO DE PROFISSIONAIS DO ESPETÁCULO CIRCENSE.

COM O TEMPO, O CIRCO PRECISOU MUDAR PARA CONTINUAR ATRAINDO O PÚBLICO.

MUITOS ESPETÁCULOS CIRCENSES DE HOJE SÃO DIFERENTES DAQUELES QUE ERAM VISTOS PELOS SEUS PAIS E AVÓS.

AS ATRAÇÕES TÊM SEMPRE NOVIDADES TECNOLÓGICAS, COMO ACONTECE NO CIRQUE DU SOLEIL. OBSERVE.

FOTO DO ESPETÁCULO O, DO CIRQUE DU SOLEIL, EM LAS VEGAS, EUA. ESSE ESPETÁCULO MISTURA EFEITOS ESPECIAIS E DE ILUMINAÇÃO E UMA GIGANTESCA PISCINA.

AINDA EXISTEM CIRCOS EM QUE OS ARTISTAS INICIANTES APRENDEM COM OS ARTISTAS MAIS EXPERIENTES. MAS A ARTE CIRCENSE AGORA TAMBÉM SE APRENDE EM ESCOLAS.

UMA DAS PRIMEIRAS ESCOLAS DE CIRCO DO BRASIL FOI A ACADEMIA PIOLIN.

ATUALMENTE, VÁRIOS LUGARES OFERECEM CURSOS DE ARTE CIRCENSE.

UM DESSES LUGARES É A ESCOLA NACIONAL DE CIRCO, NO RIO DE JANEIRO. ELA É A ÚNICA ESCOLA DE CIRCO MANTIDA PELO MINISTÉRIO DA CULTURA DO BRASIL.

GRUPO DE ALUNOS DA ESCOLA NACIONAL DE CIRCO DURANTE UMA AULA.

GRUPO DE ALUNOS DA ESCOLA NACIONAL DE CIRCO DURANTE UMA APRESENTAÇÃO.

PARA FAZER UM CURSO NESSA ESCOLA É PRECISO TER MAIS DE 14 ANOS E ESTAR ESTUDANDO OU TER TERMINADO O ENSINO MÉDIO.

TAMBÉM É NECESSÁRIO FAZER PROVA DE HABILIDADES CIRCENSES, ARTES CÊNICAS E LÍNGUA PORTUGUESA.

> HABILIDADE: CAPACIDADE QUE UMA PESSOA TEM PARA FAZER ALGO.
> CÊNICO: RELATIVO À REPRESENTAÇÃO TEATRAL.

CONVERSE COM OS COLEGAS. DEPOIS, REGISTRE SUAS RESPOSTAS.

1. VOCÊ JÁ FOI A UM ESPETÁCULO DE CIRCO?

☐ SIM. ☐ NÃO.

2. ESCREVA ABAIXO DE CADA IMAGEM A PROFISSÃO DO ARTISTA.

3. SE VOCÊ PUDESSE SER UM ARTISTA DE CIRCO, QUAL SERIA?

DE OLHO NA IMAGEM

OBSERVE A REPRODUÇÃO DE UMA PINTURA CRIADA PELO ARTISTA ESTADUNIDENSE WILLIAM H. BROWN. A OBRA RETRATA UMA CENA DE CIRCO COM GINETES EQUILIBRISTAS.

WILLIAM H. BROWN. *GINETES SEM SELA*, 1886.
ÓLEO SOBRE PAPELÃO MONTADO EM MADEIRA, 47 x 62,2 CM.
GALERIA NACIONAL DE ARTE, WASHINGTON D.C., EUA.

GINETE: NOME QUE SE DÁ A UM CAVALO TREINADO OU AO ARTISTA QUE FAZ MALABARISMOS MONTADO NESSE CAVALO.

EQUILIBRISTA: PESSOA QUE TEM HABILIDADE PARA SE EQUILIBRAR.

CONVERSE COM OS COLEGAS. DEPOIS, REGISTRE SUA RESPOSTA.

- QUE ELEMENTOS DO CIRCO HÁ NESSA OBRA?

_____
_____
_____

CAPÍTULO 2 — ADEREÇOS E MAQUIAGEM

OS PALHAÇOS SÃO OS ARTISTAS QUE SIMBOLIZAM O CIRCO. ELES COSTUMAM USAR ROUPAS E **ADEREÇOS** GRANDES E COLORIDOS.

ADEREÇO: ENFEITE.

GRAVATA.

PERUCA.

SAPATOS.

NARIZ.

O NARIZ DO PALHAÇO É CONSIDERADO A MENOR MÁSCARA DO MUNDO.

QUANDO ALGUÉM COLOCA UM NARIZ DE PALHAÇO, JÁ INCORPORA A PERSONAGEM, MESMO QUE ESTEJA SEM MAQUIAGEM.

A MAQUIAGEM USADA PELOS PALHAÇOS TEM A FUNÇÃO DE DESTACAR BEM A BOCA E OS OLHOS E AJUDAR NAS EXPRESSÕES ENGRAÇADAS DESSAS PERSONAGENS.

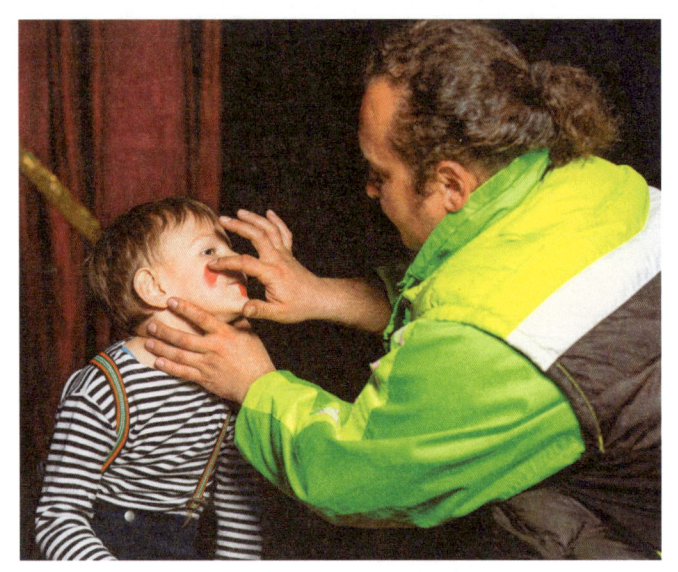

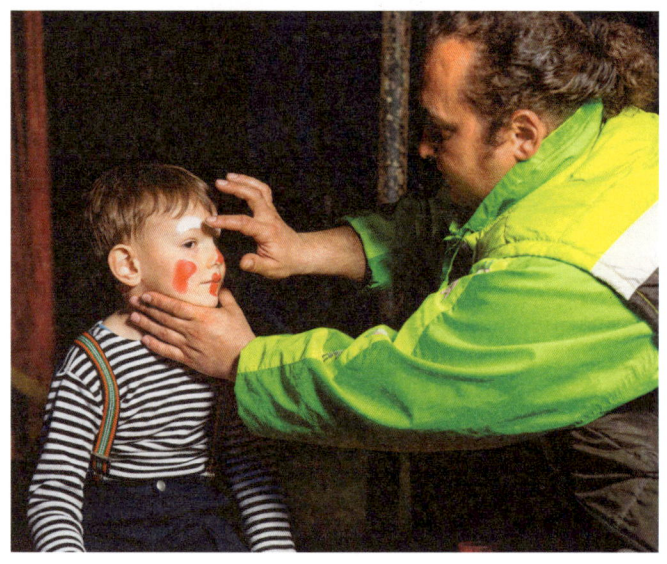

MENINO SENDO MAQUIADO, COM DESTAQUE NAS BOCHECHAS E ACIMA DOS OLHOS.

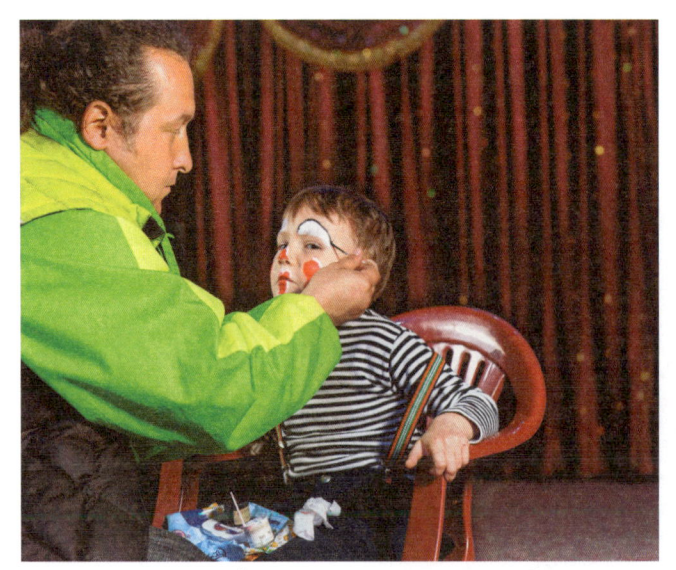

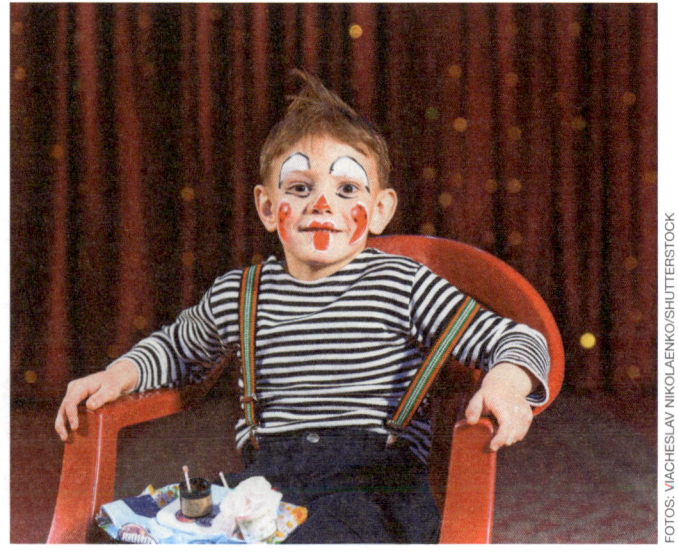

COM A DEFINIÇÃO DA BOCA, A GRAÇA DO PALHAÇO FICA COMPLETA!

MÃOS À OBRA

USANDO OS ADESIVOS DA PÁGINA 107, APLIQUE A MAQUIAGEM, O CABELO E O NARIZ DE PALHAÇO NA IMAGEM ABAIXO.

MUSICANDO

A MÚSICA É UM DOS ELEMENTOS IMPORTANTES NO CIRCO. E HÁ CANÇÕES QUE FALAM SOBRE OS ESPETÁCULOS CIRCENSES.

VOCÊ CONHECE A CANÇÃO A SEGUIR?

DIA DE CIRCO

HOJE TEM ESPETÁCULO?
TEM, SIM, SENHOR.

É ÀS 8 DA NOITE?
É, SIM, SENHOR.

HOJE TEM MARMELADA?
TEM, SIM, SENHOR.

HOJE TEM GOIABADA?
TEM, SIM, SENHOR.

É DE NOITE, É DE DIA?
É, SIM, SENHOR.

DA TRADIÇÃO POPULAR.

ÁUDIO
DIA DE CIRCO

VAMOS TESTAR?

1. QUAL É O TEMA DESSA CANÇÃO?

_____

2. O QUE ESSA CANÇÃO DIZ SOBRE O ESPETÁCULO?

_____

_____

_____

3. NESSA CANÇÃO, O QUE OS VERSOS A SEGUIR SIGNIFICAM?

> HOJE TEM MARMELADA?
> TEM, SIM, SENHOR.
>
> HOJE TEM GOIABADA?
> TEM, SIM, SENHOR.

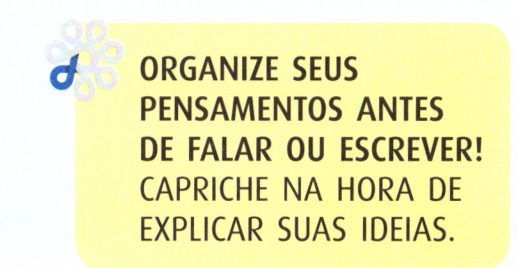

ORGANIZE SEUS PENSAMENTOS ANTES DE FALAR OU ESCREVER! CAPRICHE NA HORA DE EXPLICAR SUAS IDEIAS.

_____

_____

_____

4. VOCÊ CONHECE ALGUMA CANÇÃO QUE TENHA COMO TEMA ESPETÁCULOS EM GERAL?

_____

_____

_____

MÃOS À OBRA

QUE TAL COMPOR UMA LETRA NOVA PARA UMA CANÇÃO QUE VOCÊS JÁ CONHECEM? PARA ISSO, SIGAM AS ORIENTAÇÕES:

- CRIEM FRASES PARA COMPOR SUA MÚSICA. POR EXEMPLO, IMAGINEM QUE ESCOLHERAM A CANÇÃO MEU LIMÃO, MEU LIMOEIRO E O TEMA FRUTAS.

    OBSERVEM COMO ESSA CANÇÃO É E COMO ELA FICOU COM AS MUDANÇAS.

ÁUDIO
MEU LIMÃO, MEU LIMOEIRO

MEU LIMÃO, MEU LIMOEIRO

MEU LIMÃO, MEU LIMOEIRO
MEU PÉ DE JACARANDÁ
UMA VEZ, TINDOLÊLÊ
OUTRA VEZ, TINDOLÁLÁ.

DA TRADIÇÃO POPULAR.

LIMÕES.

MEU MAMÃO, MEU MAMOEIRO

MEU MAMÃO, MEU MAMOEIRO
MEU PÉ DE MARACUJÁ
UMA VEZ, UM CAJUEIRO
OUTRA VEZ, UM ARAÇÁ.

ARAÇÁS.

- DEPOIS QUE CRIAREM A LETRA NOVA, CANTEM PARA VER SE ELA COMBINA COM A MÚSICA. MUDEM O QUE FOR PRECISO.
- O PROFESSOR VAI MARCAR UMA DATA PARA QUE OS GRUPOS SE APRESENTEM PARA OUTROS PROFESSORES E OS DEMAIS FUNCIONÁRIOS DA ESCOLA. SÃO ELES QUE VÃO ESCOLHER A LETRA MAIS ORIGINAL E ANIMADA.

CONHEÇA OS ARTISTAS

O PALHAÇO É UMA DAS PERSONAGENS DE CIRCO MAIS QUERIDAS, PORQUE AS PESSOAS SE DIVERTEM COM AS BRINCADEIRAS E TRAPALHADAS DELE. CONHEÇA QUATRO IMPORTANTES PALHAÇOS DO CIRCO BRASILEIRO.

BENJAMIM DE OLIVEIRA, OU **PALHAÇO BENJAMIM**, NASCEU EM PATAFUFU, ATUAL PARÁ DE MINAS (MG), EM 1870. ERA FILHO DE ESCRAVOS E FOI LIBERTADO AO NASCER. AOS 12 ANOS FUGIU COM O CIRCO SOTERO. FOI O PRIMEIRO PALHAÇO NEGRO DO BRASIL E LEVOU O TEATRO PARA O CIRCO. FALECEU EM 1954.

ABELARDO PINTO, OU **PALHAÇO PIOLIN**, NASCEU EM RIBEIRÃO PRETO (SP), EM 1897. SEU PAI ERA DONO DO CIRCO AMERICANO. COMEÇOU A TRABALHAR COMO PALHAÇO POR ACASO, QUANDO O PALHAÇO DO CIRCO DE SEU PAI FOI EMBORA. MORREU EM 1973.

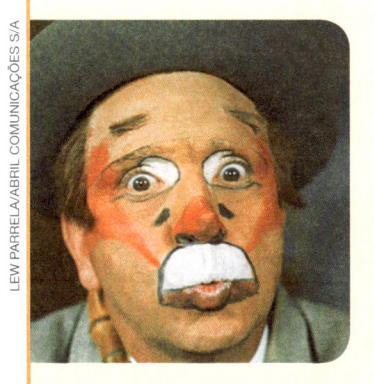

WALDEMAR SEYSSEL É O VERDADEIRO NOME DO **PALHAÇO ARRELIA**. NASCEU EM 1905, EM JAGUARIAÍVA (PR).

COMEÇOU A TRABALHAR NO CIRCO FAZENDO ACROBACIAS AO LADO DOS IRMÃOS. TEVE SEU PRÓPRIO PROGRAMA NA TV. FALECEU EM 2005.

GEORGE SAVALLA GOMES, O **PALHAÇO CAREQUINHA**, NASCEU EM RIO BONITO (RJ), EM 1915. ERA FILHO DE UMA TRAPEZISTA. DURANTE MUITOS ANOS TEVE SEU PRÓPRIO PROGRAMA DE TV. GRAVOU DISCOS INFANTIS E PARTICIPOU DE FILMES. MORREU EM 2006.

PARA FAZER COM OS COLEGAS

QUANDO AS COMPANHIAS CIRCENSES CHEGAM A UMA CIDADE, EM GERAL, OS ARTISTAS FORMAM UMA PARADA, QUE É UM DESFILE PELAS RUAS.

A PARADA É UM JEITO DE FAZER PROPAGANDA DA CHEGADA DO CIRCO E MOSTRAR AS ATRAÇÕES PARA AS PESSOAS. OBSERVE FOTOS DE PARADAS DE CIRCO.

PARADA DO CIRCO SCHLITZ PELAS RUAS DA CIDADE DE MILWAUKEE, EUA. FOTO DE 1960.

PARADA DE CIRCO PELAS RUAS DA CIDADE DE VORONEJ, NA RÚSSIA, MOSTRANDO A ALA DE EQUILIBRISTAS.

QUE TAL FAZER UMA PARADA DE CIRCO PELA ESCOLA? PARA ISSO, SIGA O ROTEIRO.

1. O PROFESSOR VAI MARCAR UM DIA PARA O DESFILE.
2. DECIDA QUE PERSONAGEM DE CIRCO VOCÊ QUER REPRESENTAR: BAILARINA, MÁGICO, EQUILIBRISTA, MALABARISTA, PALHAÇO.
3. VEJA SE É POSSÍVEL TRAZER DE CASA ALGUMA ROUPA OU ACESSÓRIOS PARA COMPOR SUA FANTASIA. PODE SER CHAPÉU, LENÇO, PERUCA, NARIZ DE PALHAÇO.
4. A TURMA PODE PESQUISAR E GRAVAR ALGUMAS CANÇÕES QUE TÊM O CIRCO COMO TEMA. AS CANÇÕES SERÃO O FUNDO MUSICAL PARA A PARADA. ENSAIEM OS MOVIMENTOS QUE FARÃO DURANTE CADA CANÇÃO.

UNIDADE 4

HISTÓRIAS EM QUADRINHOS

74

ILUSTRAÇÃO DE PERSONAGENS DA TURMA DA MÔNICA, CRIADA POR MAURICIO DE SOUSA.

1. VOCÊ CONHECE AS PERSONAGENS ILUSTRADAS NESTAS PÁGINAS?
2. ELAS SÃO PERSONAGENS DE QUE TIPO DE HISTÓRIA?
3. VOCÊ GOSTA DESSE TIPO DE HISTÓRIA?
4. ALGUÉM LÊ ESSAS HISTÓRIAS PARA VOCÊ? SE SIM, QUEM?
5. ONDE ESSAS HISTÓRIAS PODEM SER ENCONTRADAS: EM REVISTAS, EM LIVROS, NA INTERNET?

75

CAPÍTULO 1
UM POUCO DE HISTÓRIA...

HISTÓRIA EM QUADRINHOS, TAMBÉM CONHECIDA COMO HQ, É A HISTÓRIA CONTADA POR MEIO DE DESENHOS E TEXTOS CURTOS.

ESSES DESENHOS E TEXTOS SÃO ORGANIZADOS EM QUADRINHOS. OBSERVE.

NESSA HISTÓRIA EM QUADRINHOS, O CHORO DOS BEBÊS EM UM BERÇÁRIO PARA QUANDO UM DELES "EXIGE" SILÊNCIO.

EM 1869, FOI PUBLICADA A HISTÓRIA *AS AVENTURAS DE NHÔ-QUIM*, CONSIDERADA A PRIMEIRA HQ BRASILEIRA. O AUTOR DELA FOI ÂNGELO AGOSTINI. OBSERVE A REPRODUÇÃO DO INÍCIO DESSA HISTÓRIA.

ÂNGELO AGOSTINI. *AS AVENTURAS DE NHÔ-QUIM*. REVISTA *A VIDA FLUMINENSE*, ANO 2, N. 57, 1869.

O LANÇAMENTO DA HQ *AS AVENTURAS DE NHÔ-QUIM* FOI EM 30 DE JANEIRO, POR ISSO, NESSE DIA PASSOU A SER COMEMORADO O DIA DOS QUADRINHOS.

- O QUE ESTÁ ACONTECENDO NOS CINCO QUADROS DA HISTÓRIA EM QUADRINHOS ACIMA?

EM 1905, COMEÇOU A SER PUBLICADO O *ALMANAQUE D'O TICO-TICO*, QUE É CONSIDERADO A PRIMEIRA REVISTA EM QUADRINHOS DO BRASIL.

O *ALMANAQUE D'O TICO-TICO* ERA COLORIDO, TINHA HISTÓRIAS E TAMBÉM ATIVIDADES PARA CRIANÇAS, COMO JOGOS.

OBSERVE UMA PÁGINA DO *ALMANAQUE D'O TICO-TICO*.

J. CARLOS. *ALMANAQUE D'O TICO-TICO*, ANO 22, N. 1.116. RIO DE JANEIRO: *O MALHO*, 1927.

TIRINHA

AS TIRINHAS SÃO HISTÓRIAS EM QUADRINHOS MAIS CURTAS. EM GERAL, ELAS TÊM ATÉ QUATRO QUADRINHOS E PODEM SER PUBLICADAS EM JORNAIS, REVISTAS E EM *SITES*.

A TIRINHA A SEGUIR, CRIADA POR LAERTE, É DA PERSONAGEM SURIÁ, UMA MENINA MUITO ESPERTA QUE MORA COM OS PAIS EM UM CIRCO.

LAERTE. *SURIÁ CONTRA O DONO DO CIRCO*. SÃO PAULO: DEVIR, 2003. P. 54.

CONVERSE COM SEUS COLEGAS. DEPOIS, RESPONDA.

1. VOCÊ CONHECIA A PERSONAGEM SURIÁ?

☐ SIM.   ☐ NÃO.

2. VOCÊ SABE O QUE SIGNIFICA A PALAVRA **ORDEM**?

3. SURIÁ COLOCOU OS CDS EM "ORDEM DE CIRCO". OBSERVE A IMAGEM DO SEGUNDO QUADRINHO E EXPLIQUE PARA OS COLEGAS O QUE VOCÊ ENTENDEU POR "ORDEM DE CIRCO".

DEPOIS, ANOTE AQUI SUA EXPLICAÇÃO.

___

ORGANIZE SEUS PENSAMENTOS ANTES DE FALAR OU ESCREVER! CAPRICHE NA HORA DE EXPLICAR SUAS IDEIAS.

4. LEIA A TIRINHA A SEGUIR. ELA MOSTRA AS PERSONAGENS MARCELINHO E CASCÃO.

- POR QUE, SEM O CINTO DE SEGURANÇA, MARCELINHO NÃO QUIS EMPURRAR O CARRINHO DO CASCÃO?

___

HQ

AS HISTÓRIAS EM QUADRINHOS USAM UMA OU VÁRIAS PÁGINAS PARA CONTAR UMA HISTÓRIA. QUE TAL LER UMA HQ?

CONTOS DE FADAS MODERNINHOS

"ERA UMA VEZ UMA FLORESTA DE UM REINO DISTANTE, ONDE HAVIA UM LOBO QUE RESOLVEU CORRER ATRÁS DE TRÊS PORQUINHOS!"

"COM MEDO, OS PORQUINHOS SE ESCONDERAM EM UMA CASA FEITA DE PALHA!"

BLAM

"ACONTECE QUE O LOBO TINHA UMA FORTE ALERGIA QUE FAZIA ELE ESPIRRAR!"

ATCHIM!

"COM A FORÇA DO SEU ESPIRRO, A CASA DE PALHA FOI DESTRUÍDA E OS PORQUINHOS CORRERAM PARA UMA CASA DE MADEIRA!"

"O LOBO FOI ATRÁS! QUANDO ELE CHEGOU PERTO DA CASA..."

"...DEU UM ESPIRRO AINDA MAIS FORTE!"

ATCHIM!

ROTEIRO: JOÃO M. MENDONÇA - DESENHO: OLGA M. OGASAWARA - ARTE-FINAL: LILIAN A. ALMEIDA

"A CASA TAMBÉM FOI DESTRUÍDA!"

"QUANDO OS PORQUINHOS CORRIAM PARA UMA CASA FEITA DE TIJOLOS..."

ESPERA AÍ!

POR QUE VOCÊ TÁ CORRENDO ATRÁS DA GENTE?

EU QUERIA PEDIR A VOCÊS A SENHA DO **WI-FI**!

MINHA **INTERNET** TÁ COM PROBLEMAS E EU NÃO CONSIGO CONECTAR!

PRECISO MARCAR UMA CONSULTA MÉDICA PELO *UATIZAPI*...

...PRA VER SE MELHORO DESTA ALERGIA!

NÃO PRECISAM TER MEDO DE MIM!

ERA ISSO QUE EU QUERIA DESDE O INÍCIO DA HISTÓRIA!

"ENTÃO, OS PORQUINHOS PASSARAM A SENHA PRO LOBO! ELE SAROU DA ALERGIA E GANHOU NOVOS AMIGOS PARA OS SEUS JOGOS **ON-LINE**!"

"E ELES JOGARAM FELIZES PARA SEMPRE!"

CONVERSE COM OS COLEGAS. DEPOIS, RESPONDA.

1. QUAL HISTÓRIA A HQ DAS PÁGINAS ANTERIORES ESTÁ CONTANDO?

2. NA UNIDADE 2 DESTE LIVRO, HÁ A HISTÓRIA DOS TRÊS PORQUINHOS. O QUE HÁ DE IGUAL E O QUE HÁ DE DIFERENTE ENTRE AQUELA HISTÓRIA E ESTA QUE VOCÊ ACABOU DE LER?

APROVEITE O QUE JÁ SABE! USE O QUE APRENDEU ATÉ HOJE PARA RESOLVER A QUESTÃO.

3. NA HQ, COMO O LOBO DERRUBA AS CASAS DOS PORQUINHOS?

4. POR QUE O LOBO ESTAVA CORRENDO ATRÁS DOS PORQUINHOS?

5. O LOBO E OS PORQUINHOS FICARAM AMIGOS. O QUE ELES FAZIAM *ON-LINE*?

CAPÍTULO 2 — ELEMENTOS DAS HISTÓRIAS EM QUADRINHOS

BALÕES

A FALA E O PENSAMENTO DAS PERSONAGENS DAS HISTÓRIAS EM QUADRINHOS SÃO ESCRITOS EM BALÕES.

O FORMATO DOS BALÕES PODE INDICAR SE A PERSONAGEM ESTÁ FALANDO ALTO OU BAIXO, PENSANDO OU O QUE ELA ESTÁ SENTINDO.

OBSERVE ALGUNS BALÕES.

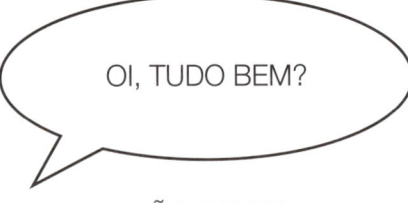

OI, TUDO BEM?

BALÃO DE FALA.

VAMOS FALAR BAIXINHO.

BALÃO DE COCHICHO.

SERÁ QUE EU CONTO?

BALÃO DE PENSAMENTO.

SOCORRO!!!!

BALÃO DE GRITO.

AI, QUE MEDO!!!

BALÃO DE FALA QUANDO A PERSONAGEM TEM MEDO.

TRIMMMMMMMMMM

BALÃO PARA SONS DE TELEFONE, TELEVISÃO, ROBÔ.

BALÃO QUE MOSTRA QUE A PERSONAGEM TEVE UMA IDEIA.

BOM DIA, PROFESSORA!!!!!

BALÃO DE FALA IGUAL DE VÁRIAS PERSONAGENS.

MÃOS À OBRA

COMPLETE O DESENHO DA HQ A SEGUIR. USE BALÕES PARA CONTAR O QUE AS PERSONAGENS ESTÃO FALANDO OU PENSANDO.

LEGENDAS

AS LEGENDAS SÃO INFORMAÇÕES OU COMENTÁRIOS SOBRE O QUE ESTÁ ACONTECENDO NA HQ.

EM GERAL, AS LEGENDAS SÃO ESCRITAS EM RETÂNGULOS COLOCADOS EM UM DOS LADOS DO QUADRINHO. OBSERVE UMA LEGENDA.

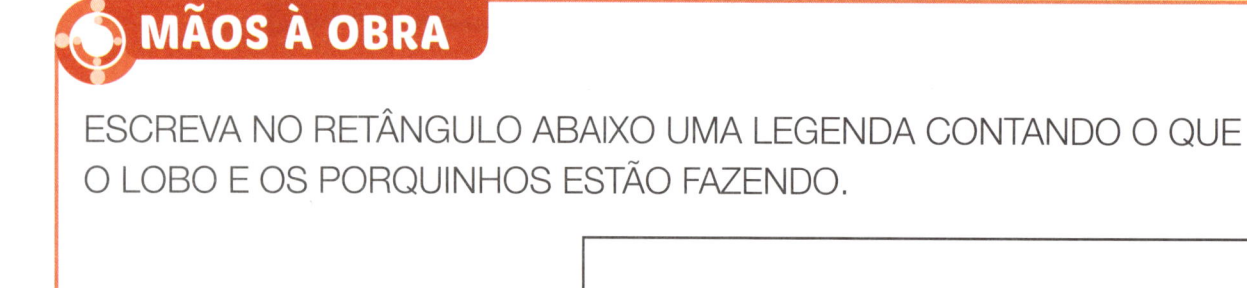

"ERA UMA VEZ UMA FLORESTA DE UM REINO DISTANTE, ONDE HAVIA UM LOBO QUE RESOLVEU CORRER ATRÁS DE TRÊS PORQUINHOS!"

MÃOS À OBRA

ESCREVA NO RETÂNGULO ABAIXO UMA LEGENDA CONTANDO O QUE O LOBO E OS PORQUINHOS ESTÃO FAZENDO.

"E ELES JOGARAM FELIZES PARA SEMPRE!"

ONOMATOPEIAS

ONOMATOPEIAS SÃO PALAVRAS QUE REPRESENTAM OS SONS DA HISTÓRIA.

OBSERVE OS QUADRINHOS A SEGUIR. **BLAM** REPRESENTA O SOM DA PORTA BATENDO, E **ATCHIM** É O SOM DO LOBO ESPIRRANDO.

"COM MEDO, OS PORQUINHOS SE ESCONDERAM EM UMA CASA FEITA DE PALHA!"

"ACONTECE QUE O LOBO TINHA UMA FORTE ALERGIA QUE FAZIA ELE ESPIRRAR!"

MÃOS À OBRA

PESQUISE ONOMATOPEIAS EM REVISTAS DE HISTÓRIAS EM QUADRINHOS. DEPOIS, RECORTE E COLE AQUI.

CORREIO

AS REVISTAS DE HISTÓRIAS EM QUADRINHOS SÃO CHAMADAS DE GIBIS. NOS GIBIS, EM GERAL, ALÉM DAS HISTÓRIAS, HÁ DUAS SEÇÕES PARA OS LEITORES.

UMA DELAS É CHAMADA CORREIO OU CORRESPONDÊNCIA. ELA MOSTRA OS TEXTOS E AS FOTOS QUE OS LEITORES ENVIAM POR *E-MAIL* PARA A REDAÇÃO DAS REVISTAS.

AMO LER AS HISTORINHAS, PRINCIPALMENTE AS QUE TÊM MUITA AÇÃO E TRAPALHADAS!
CAMILE LOUSADA SAER
7 ANOS – POR *E-MAIL*

O PAULO SE DIVIRTE COM AS HISTÓRIAS E OS PASSATEMPOS.
PAULO GOES
6 ANOS – POR *E-MAIL*

O JOSÉ GOSTARIA DE PODER BRINCAR COM TODAS AS PERSONAGENS DAS HISTÓRIAS!!!
JOSÉ CASTRO FILHO
5 ANOS – POR *E-MAIL*

TODAS AS NOITES EU SÓ DURMO DEPOIS DE LER UM GIBI!!!
REGIANE MAIA CRUZ
6 ANOS – POR *E-MAIL*

AS GÊMEAS ISAMARA E ISABELA JÁ LEEM OS GIBIS SEM AJUDA E SE DIVERTEM MUITO!
ISAMARA E ISABELA DE MEDEIROS
6 ANOS – POR *E-MAIL*

MÃOS À OBRA

AGORA É SUA VEZ DE ESCREVER UM RECADO PARA A SEÇÃO DO LEITOR DE UMA REVISTA DE QUE VOCÊ GOSTA.

FAÇA UM COMENTÁRIO SOBRE A REVISTA OU SOBRE UMA PERSONAGEM.

PARA ISSO, COLE UMA CÓPIA DE UMA FOTO SUA E NAS LINHAS ESCREVA A MENSAGEM.

FOTO

_____
_____
_____
_____
_____
_____

PASSATEMPO

PASSATEMPO OU JOGOS É A OUTRA SEÇÃO QUE APARECE EM GIBIS. NELA, HÁ ALGUM TIPO DE JOGO OU ATIVIDADE INTERESSANTE, COMO AS QUE COLOCAMOS A SEGUIR.

VEJA SE VOCÊ ENCONTRA 10 DIFERENÇAS ENTRE AS IMAGENS.

1. DESTAQUE DA PÁGINA 103 AS FIGURAS DE ANIMAIS E COLE-AS SOBRE AS SOMBRAS DELES.

2. AJUDE O GATO A ENCONTRAR O LEITE. TRACE O CAMINHO COM UM LÁPIS PRETO.

COMO UMA HQ É FEITA

AUDIOVISUAL
CRIAÇÃO DAS HISTÓRIAS EM QUADRINHOS

HÁ TRÊS ETAPAS PARA SE CRIAR UMA HQ: ROTEIRO, DESENHO E ARTE-FINAL.

EM GERAL, NO INÍCIO DE UMA HISTÓRIA, SÃO COLOCADOS OS NOMES DOS PROFISSIONAIS QUE TRABALHARAM EM CADA UMA DESSAS ETAPAS. POR EXEMPLO, NA HISTÓRIA DOS TRÊS PORQUINHOS QUE VOCÊ LEU, AS ETAPAS E OS PROFISSIONAIS SÃO:

> **ROTEIRO:** JOÃO M. MENDONÇA
> **DESENHO:** OLGA M. OGASAWARA
> **ARTE-FINAL:** LILIAN A. ALMEIDA

ROTEIRO

ROTEIRO É UM TEXTO QUE CONTA O INÍCIO, O MEIO E O FINAL DE UMA HISTÓRIA.

ESSES TEXTOS SÃO ESCRITOS POR UM ROTEIRISTA.

DESENHO

DEPOIS DE ESCREVER O ROTEIRO, O ROTEIRISTA ENTREGA O TEXTO PARA UM DESENHISTA. É O DESENHISTA QUE VAI FAZER OS DESENHOS, OS BALÕES DE FALA A LÁPIS E AS LEGENDAS.

DESENHISTA TRABALHANDO NAS ILUSTRAÇÕES DE UMA HISTÓRIA EM QUADRINHOS.

ARTE-FINAL

O DESENHISTA TAMBÉM PODE FAZER A ARTE-FINAL, QUE É O ACABAMENTO DE UM TRABALHO FEITO A LÁPIS.

NA ARTE-FINAL, O PRIMEIRO PASSO É FAZER O CONTORNO DOS DESENHOS COM TINTA.

DEPOIS QUE AS PÁGINAS SÃO FINALIZADAS, ELAS SEGUEM PARA O COLORISTA, QUE VAI APLICAR AS CORES.

OBSERVE UMA IMAGEM FINALIZADA E DEPOIS A MESMA IMAGEM COLORIZADA.

ALGUNS DESENHISTAS FAZEM TODAS AS ETAPAS DE UMA HQ. NOS GRANDES ESTÚDIOS E EDITORAS, AS REVISTAS EM QUADRINHOS PODEM SER TOTALMENTE PRODUZIDAS EM MESAS DE DESENHO DIGITAL.

DESENHISTA TRABALHANDO EM UMA MESA DE DESENHO DIGITAL.

GIBITECA

GIBITECA É UM LUGAR ONDE SÃO GUARDADOS GIBIS.

ALGUMAS GIBITECAS FAZEM PARTE DE BIBLIOTECAS. OUTRAS GIBITECAS SÃO ESPAÇOS QUE FUNCIONAM DE FORMA INDEPENDENTE.

UMA GIBITECA DE CURITIBA QUE FICA INSTALADA EM UM CENTRO CULTURAL E CONTA COM 32 MIL EXEMPLARES.

MÃOS À OBRA

QUE TAL MONTAR UMA GIBITECA NA ESCOLA?

PARA ISSO, SIGA O ROTEIRO.

1. JUNTE GIBIS COM SUA TURMA OU COM PESSOAS DE SUA FAMÍLIA. SEU PROFESSOR VAI MARCAR UM DIA PARA QUE VOCÊS LEVEM OS GIBIS PARA A ESCOLA.

2. COM A AJUDA DOS COLEGAS, ORGANIZE O LOCAL ONDE OS GIBIS VÃO FICAR GUARDADOS. ELES PODEM SER ARMAZENADOS EM CAIXAS PLÁSTICAS OU EM ESTANTES NA SALA DE AULA OU NA BIBLIOTECA, POR EXEMPLO.

3. AJUDE A ORGANIZAR AS REVISTAS POR TIPO DE PUBLICAÇÃO OU POR TEMAS. POR EXEMPLO, GIBIS DE SUPER-HERÓIS DEVEM FICAR JUNTOS.

OUÇA AS PESSOAS COM RESPEITO E ATENÇÃO! REFLITA SOBRE O QUE ESTÁ SENDO DITO.

PARA FAZER COM OS COLEGAS

AGORA, QUE TAL PRODUZIR UMA HISTÓRIA EM QUADRINHOS E DEPOIS MONTAR UMA REVISTA DE HQ DOS COLEGAS DE SALA?

ENTÃO, SIGAM AS INSTRUÇÕES.

1. CADA ALUNO VAI ESCREVER UMA HISTÓRIA.

2. PARA ISSO, DEVE USAR FOLHAS DE PAPEL SULFITE, LÁPIS PRETO, LÁPIS DE COR.

3. NO CADERNO, ESCREVA UM PEQUENO ROTEIRO DA HISTÓRIA QUE VAI CONTAR.

4. DIVIDA A FOLHA EM QUADRINHOS COM LÁPIS E RÉGUA. AS FOLHAS VÃO FICAR COMO A QUE APARECE NA IMAGEM AO LADO.

5. NO PRIMEIRO QUADRINHO, COLOQUE SEU NOME E SÉRIE. NO SEGUNDO QUADRINHO, ESCREVA O TÍTULO DA SUA HISTÓRIA.

6. SE VOCÊ NÃO QUISER DESENHAR, PODE RECORTAR PERSONAGENS DE REVISTINHAS E MONTAR SUA HQ COLANDO AS FIGURAS NOS QUADRINHOS.

   OUTRA FORMA DE CRIAR PERSONAGENS É DESENHAR COM LÁPIS PRETO OBJETOS OU BRINQUEDOS. PODE SER UM CADERNO OU UMA BOLA, COM OLHOS, BOCA, BRAÇOS E PERNAS. DEPOIS, É PRECISO COLORIR.

7. LEMBRE-SE DE DESENHAR OS BALÕES DE FALA NOS QUADRINHOS.

8. QUANDO SUA HQ ESTIVER PRONTA, COLOQUE AS FOLHAS EM ORDEM E ENTREGUE PARA O PROFESSOR.

   ELE VAI ORGANIZAR AS HISTÓRIAS POR ORDEM DE CHAMADA E GRAMPEAR, FORMANDO UMA REVISTINHA.

   ESSA REVISTA PODERÁ SER FOTOCOPIADA POR VOCÊS PARA QUE GUARDEM UMA CÓPIA. A REVISTA ORIGINAL IRÁ PARA A BIBLIOTECA DA ESCOLA.

VAMOS LER

- **VAMOS BRINCAR DE RODA!**
  PALAVRA CANTADA.
  SÃO PAULO: CARAMELO, 2012.

  ESSE LIVRO APRESENTA CANÇÕES EM UMA DIVERTIDA REDESCOBERTA DE BRINCADEIRAS INFANTIS. UM CD COM MÚSICAS ACOMPANHA A OBRA.

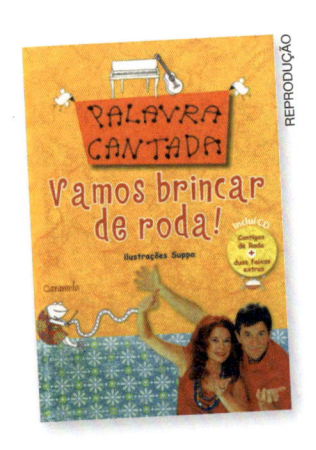

- **LIVRO CLAP**
  MADALENA MATOSO.
  SÃO PAULO: COMPANHIA DAS LETRINHAS, 2017.

  AO ABRIR E FECHAR AS PÁGINAS DESSE LIVRO, O LEITOR PODERÁ INVENTAR SONS E PALAVRAS, CRIAR NOVAS HISTÓRIAS E TUDO AQUILO QUE A IMAGINAÇÃO MANDAR.

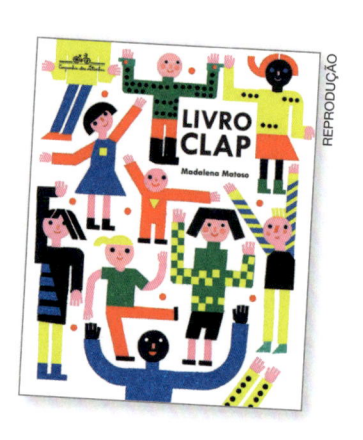

- **CIRCOLÂNDIA**
  RODRIGO DE FREITAS VALLE EGEA E ROSIMARA VIANNA.
  SÃO PAULO: MODERNA, 2014.

  NESSE LIVRO, O LEITOR VAI CONHECER COMO, ONDE E QUANDO O CIRCO COMEÇOU. VAI TAMBÉM DESCOBRIR AS CURIOSIDADES DA ARTE CIRCENSE, QUE HÁ MUITOS ANOS FAZ PARTE DA IMAGINAÇÃO DAS PESSOAS COM APRESENTAÇÕES CHEIAS DE MAGIA.

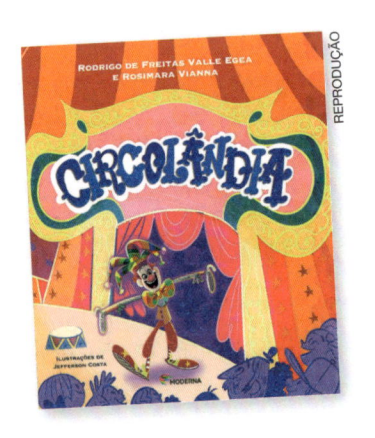

- **CIRCO MÁGICO – POEMAS CIRCENSES PARA GENTE PEQUENA, MÉDIA E GRANDE**
  ALEXANDRE BRITO.
  PORTO ALEGRE: EDITORA PROJETO, 2007.

  ESSE LIVRO APRESENTA POEMAS SOBRE A VIDA DOS ARTISTAS CIRCENSES, OS QUE SE APRESENTAM E AQUELES QUE TRABALHAM NOS BASTIDORES.

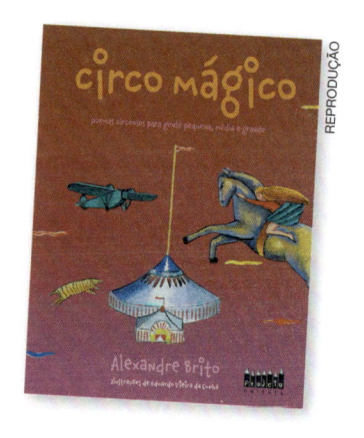

- DESTAQUE AS CARTAS PARA O **JOGO DE IMITAÇÃO**, NAS PÁGINAS 4 E 5.

- DESTAQUE AS CARTAS PARA O **JOGO DE IMITAÇÃO**, NAS PÁGINAS 4 E 5.

- DESTAQUE PARA A ATIVIDADE DA PÁGINA 51.

• DESTAQUE PARA A ATIVIDADE DA PÁGINA 91.

• DESTAQUE PARA A ATIVIDADE DA PÁGINA 31.

TJMEDIA/SHUTTERSTOCK
FOTOMAK/SHUTTERSTOCK
SAKDAM/SHUTTERSTOCK
ANAN KAEWKHAMMUL/SHUTTERSTOCK
DRAKULIREN/SHUTTERSTOCK
BILLION PHOTOS/SHUTTERSTOCK
ERIC ISSELEE/SHUTTERSTOCK
ANTON-BURAKOV/SHUTTERSTOCK
ANTON-BURAKOV/SHUTTERSTOCK
APPLE2499/SHUTTERSTOCK
DRAKULIREN/SHUTTERSTOCK
ANTON-BURAKOV/SHUTTERSTOCK
ANAN KAEWKHAMMUL/SHUTTERSTOCK
ANTON-BURAKOV/SHUTTERSTOCK
TJMEDIA/SHUTTERSTOCK

- DESTAQUE PARA A ATIVIDADE DA PÁGINA 67.